Udo Neumann

Autogenes Training für Kinder

Wie Eltern und Kinder spielerisch zu Ruhe und Ausgleich finden

Sanfte Massagen und Entspannungsübungen bewußt einsetzen

SÜDWEST

Inhalt

Einatmen, Fäuste ballen, Spannung halten – die Tiefmuskelentspannung hilft gegen Streß und Prüfungsangst.

Autogenes Training als Ausgleich und Ergänzung zum Leistungssport.

Zu Hause, auf der Schulbank oder im Freien – die Übungen sind überall durchführbar.

Spielerische Entspannungsübungen für Kinder ab sechs Jahren.

Durch Autogenes Training zu mehr Ruhe und Konzentration im Alltag.

Entspannt und angstfrei beim Zahnarzt.

Vorwort

Ein Lehrer, der mir seine zwei Buben zum Entspannungskursus schickte, sagte nach der Elternbesprechung, die ich immer am Anfang und am Ende eines Kinderkurses durchführe: Was tun wir nur unseren Kindern an! Zum Träumen, Spielen oder einfach nur zum Faulenzen kommen sie gar nicht mehr.
Aber Entspannen muß sein, damit sich der Körper, der Geist und die Seele regenerieren können. Und ein Video oder ein Fernsehkrimi als letzter Eindruck vor dem Schlafengehen führt unweigerlich auf Dauer zu Schlafstörungen, so wie ich sie täglich beobachten kann.
Ein Gesellschaftsspiel mit anderen Familienmitgliedern oder ein schönes Buch zum Lesen im Bett oder nur zum Durchblättern ist mit Sicherheit besser für das Kind als alle Videos.

Entspannung läßt sich üben

Viele Kinder sind sich bewußt, daß sie unter großem Druck leben, und von daher sogar bereit, aktiv an ihrer Entspannung mitzuarbeiten.

Die Kinder lernen sehr schnell, was sie mit den verschiedenen Entspannungsverfahren bewirken können. »Ich kann besser schlafen«, sagte Norbert. »Ich schreibe viel bessere Noten in der Schule«, sagte Katrin. »Ich kann mehr Tore schießen«, sagte Helmut. »Ich kann ganz, ganz gut träumen«, sagte Michael – nur ein paar Sätze aus Kindermund, die mir täglich zugetragen werden. Diese Kinder und auch die Eltern, Lehrer und ein paar Kinderärzte ermutigten mich immer wieder aufs neue, Kinderkurse zur Entspannung durchzuführen. Seit 1984 führe ich nun ununterbrochen Kinderkurse in kleinen Gruppen bis zu sechs Kindern im Alter von ca. sieben bis elf Jahren durch. Und diese Erkenntnisse ermutigten mich auch, dieses Buch für Eltern und Kinder zu schreiben.

Es werden Ihnen nun verschiedene Entspannungsverfahren aufgezeigt und Möglichkeiten, wie Sie diese mit Ihren Kindern realisieren können. Aber was hat ein Kind davon, wenn es zwar Entspannungsverfahren gelernt hat, zu Hause aber allgemeine Hektik herrscht!

Entspannungsübungen auch für die Eltern

Ein Kind braucht zu Hause Ruhe und Geborgenheit. Darum ist es wichtig, daß ihm die Eltern dieses Gefühl vermitteln können. Dazu sind sie aber nur in der Lage, wenn sie auch selber mit ihrem Streß am Arbeitsplatz oder in der Freizeit zurechtkommen und ihn abbauen können. Folgender Leitsatz drückt dies aus: »Wenn es mir gut geht, geht es auch meinem Partner und meinem Kind gut!« Ist die Mutter entspannt, hat sie die Ruhe, sich mit den Kindern zu beschäftigen, ihnen zuzuhören. Darum ist in diesem Buch ein Kapitel dem harmonischen Elternhaus und vor allem den entspannten Eltern gewidmet.

Entspannung in der Natur ist meist ohne großen Aufwand möglich. Öffentliche Verkehrsmittel garantieren streßfreie Anfahrt und bringen Kindern weitaus mehr Erholung als lange Autoreisen mit Stau und genervten Eltern.

Das gestreßte Kind

Das Kind, eingebettet in Computer, Spielzeugberge, Videos und Fernsehen, ist sich in der Regel auch in der Freizeit selbst überlassen. Oder es wird gar auch in der Freizeit mit zu vielen Veranstaltungsangeboten überhäuft.

Kinder sollen gut funktionieren und pflegeleicht sein, das wünschen sich die Eltern. Das Kind soll in der Schule perfekt sein, immer gute Noten nach Hause bringen, die Hausaufgaben ordentlich erledigen. Es soll nicht streitsüchtig sein, also mit den Geschwistern und Eltern gut auskommen. Es sollte auch möglichst selbständig sein; das heißt, wenn Vater und Mutter arbeiten und das Kind sich selbst überlassen ist, sollte es möglichst kochen oder sein Essen aufwärmen können. Es sollte sich selbst beschäftigen, und das auch noch sinnvoll. Für Gespräche und Berührungen bleibt wenig bis gar keine Zeit. Fragen der Kinder werden oft nur ausweichend oder gar nicht beantwortet, da die Eltern ja auch nach der Arbeit oder bei Doppel- und Dreifachbelastung der Mutter ihre Ruhe brauchen und sich entspannen wollen. Da bleibt nun mal wenig Zeit für die Probleme der Kinder, wenig Zeit, um Unklarheiten und Aggressionen abzubauen.

Haben Kinder noch Freizeit?

Da ist oft der Freizeitstreß noch größer als der Schulstreß. Manche Kinder müssen in den Sportverein, zum Schwimmen, zum Fußballspielen, zum Tennis. Dann müssen sie noch musizieren und vielleicht noch zum Tanzen, auf allen Hochzeiten vielleicht? Viele Kinder sind in vielen Vereinen tätig, und da beginnt der Streß. Das Kind kann nicht einmal mehr nach den Hausaufgaben nur einfach träumen, nein – es wird von Veranstaltung zu Veranstaltung gezerrt, wie es ja auch die Eltern oft vormachen, bei denen dann der Freizeitstreß viel größer ist als der Berufsstreß. Dabei sollte doch die Freizeit dem Regenerieren, dem Auftanken dienen. Sport ist mit Sicherheit sehr sinnvoll, nur: die Menge der Veranstaltungen macht es; und er sollte nicht nur leistungsorientiert sein, sondern dem Kind wirklich Spaß machen, dann dient er auch der Entspannung. Das sollten wir uns als Eltern immer wieder klarmachen.

Viele Kinder sind emotional überfordert

Schon bei Kindern kann es zu schweren psychischen und psychosomatischen Störungen bis hin zu schweren Depressionen und Lebensängsten kommen. Sie können sich in einer Wesensänderung des Kindes äußern. Ein lustiges, lebensfrohes Geschöpf wird plötzlich in sich gekehrt, will nichts mehr unternehmen, bekommt Schmerzzustände (oft im Bauchbereich) oder andere körperliche Beschwerden, die aber vom Organischen her nicht erklärbar sind. Solche Kinder, mit Symptomen wie Depressionen, landen dann oft beim Kinderpsychologen oder beim Psychiater. Häufig findet dieser dann die Ursachen im Streß, dem das Kind ausgesetzt ist. Um diesem vorzubeugen – eine solche Störung kann ja Auswirkungen auf das ganze Leben des Kindes haben –, müssen wir Eltern dafür sorgen, daß das Kind nicht allein gelassen wird mit seinen Problemen.

Auch die Eltern selbst werden durch die Entspannungsmöglichkeiten positiv beeinflußt. Wenn das keine Ermutigung für die ganze Familie ist…

Mit Streß umgehen lernen

Sicher, ein gewisses Maß an Streß und Forderung bleibt immer bestehen, ist auch nicht zu vermeiden und auch sinnvoll, damit das Kind lernt, damit umzugehen. Aber wenigstens in der Freizeit muß das Kind die Möglichkeit haben, den Schulstreß z.B. abzubauen, sich zu entspannen. Es muß Geborgenheit und Zuspruch erfahren von den Eltern, damit es in der heutigen Welt bestehen kann. Und da bieten die im folgenden vorgestellten Entspannungstechniken Ihnen als Eltern Möglichkeiten an, die Weichen im Leben Ihres Kindes neu zu stellen.

Welche Entspannungsmöglichkeiten gibt es?

Gesund sein an Körper, Geist und Seele. Abwehrkräfte mobilisieren, schulische und sportliche Leistungen steigern. Sich besser erholen können, intensiver schlafen und träumen können. Einen Weg finden, der negative, häufig krankmachende Faktoren, z. B. Angst, Nervosität, Ärger, Streß, Verkrampfungen, abbaut und positive Faktoren wie Lebensfreude, Mut und Gelassenheit aufbaut.

Das Autogene Training

Was ist Autogenes Training? Gab es das schon immer? Das Autogene Training ist ein Entspannungsverfahren, das in den zwanziger Jahren dieses Jahrhunderts von dem Berliner Psychiater Prof. Johannes Heinrich Schultz entwickelt wurde. Die erste Ausgabe seines Standardwerkes »Das Autogene Training – konzentrative Selbstentspannung, Versuch einer klinisch-praktischen Darstellung« erschien 1932. Seitdem hat seine Methode große Verbreitung gefunden und ist heute das bekannteste Entspannungsverfahren. Doch leider wird es hauptsächlich nur im Erwachsenenbereich angewendet. Was bedeutet der Begriff »autogen«? Man denkt an das Auto und an das Gen. Auto bedeutet »selbst«, und Gen bedeutet »Entstehen«. Autogenes Training ist also eine in der Person, d.h. ihrem Kind entstehende Entspannungsmöglichkeit. Die Fähigkeit zur Selbstbeeinflussung ist in jedem Menschen, wenn auch oft im Verborgenen vorhanden, also auch in Ihnen und in Ihrem Kind.

Wie gut funktioniert Ihre Vorstellungskraft?

Sie stellen sich bildlich eine Zitrone vor, in die Sie hineinbeißen, und spüren plötzlich einen Widerwillen und vermehrten Speichelfluß in der Mundhöhle.

Ein kleiner Test für Sie und Ihr Kind, den Sie gleich jetzt ausprobieren können:

- Sie setzen sich auf einen Stuhl, lehnen sich bequem an und schließen die Augen.
- Die Unterarme sind waagerecht nach vorne ausgestreckt, die Ellenbogengelenke leicht gebeugt. Die Handflächen zeigen in gleicher Höhe nach oben.
- Sie stellen sich jetzt bildlich vor: »Auf der linken Handfläche liegt eine Feder, federleicht, und auf der rechten Handfläche liegt ein Buch, ein schweres Buch.«
- Nach ein paar Sekunden denken Sie wieder: »Auf meiner linken Hand liegen zwei Federn, federleicht, und auf der rechten Hand zwei große, schwere Bücher.«
- Und nach ein paar Sekunden denken Sie: »Auf meiner linken Hand liegen drei Federn, federleicht und auf meiner rechten Handfläche drei Bücher, groß und schwer.«
- Und nach ein paar weiteren Sekunden steigern Sie das weiter: »Auf der linken Handfläche liegen vier Federn, federleicht, und auf der rechten Handfläche liegen vier Bücher, groß und schwer.«
- Und nach ein paar Sekunden: »Auf der linken Handfläche liegen fünf Federn, federleicht, und auf der rechten Handfläche liegen fünf große, schwere Bücher.«
- Nach einer angemessenen Zeit der bildlichen Vorstellung wird der rechte Arm schwer und hat das Bestreben, nach unten zu ziehen.
- Der linke Arm mit den Federn folgt diesem Beispiel nicht.

Wir sehen an diesen Beispielen, welche körperlichen und seelischen Veränderungen kraft unserer Vorstellung möglich sind.

Die Fähigkeit, angenehme körperliche Empfindungen wahrzunehmen, ist den meisten von uns heute verlorengegangen. Wir achten nur noch auf unsere mechanischen Körperbewegungen, prüfen uns wie ein Roboter auf Funktionen oder Störung.

Wir achten heute fast nur noch auf negative Körpersignale. Wir müssen aber auch positive Sinne erspüren, um eine neue Einheit von Körper und Geist erreichen zu können. Der Mensch ist von Natur aus eine Ganzheit. Und da hilft das Autogene Training, die Ganzheit Mensch wieder in Ordnung zu bringen.

Kinder entspannen sich spielend

Verspannungen, unter denen die Kinder schon häufig leiden, sind ein gutes Beispiel, daß in der Regel der ganze Mensch unter einer Störung leidet und nicht nur einzelne Abschnitte. Wer verkrampft ist und sich auch so fühlt, wird ein Räderwerk bei sich in Gang gesetzt sehen: Muskeln, Kreislauf, Organe, Nerven – alles wird betroffen. Und diesen Kreislauf, den wollen wir gemeinsam durchbrechen. Da haben die Erwachsenen es schon schwer, mit dem Begriff »Autogenes Training« etwas anzufangen, und dann sollen Kinder das schon erlernen? Doch, es geht! Sie werden es sehen, wenn man einfühlsam mit dem Kind umgeht, so wie ich es seit Jahren praktiziere.

Auch Kinder kennen schon die Pein des total verspannten Nackens. Sie lernen spielend, ihren Körper zu entspannen, und genießen es, wenn der Druck nachläßt und wohlige Wärme den Schmerz vertreibt.

Die Kinder sollen nicht mit Formeln malträtiert werden, sondern spielerisch erlernen, sich zu entspannen unter Zuhilfenahme ihrer Kuscheltiere. Mit Bildern, die in ihrer Phantasie entstehen und auf dem Zeichenblock dokumentiert werden, sowie mit Vorlesen aus Märchenbüchern oder dem Bilderbuch »Frederik« von Leo Lionni kann man eine gute Einstimmung für das Autogene Training schaffen. Die Bücherauswahl hängt natürlich auch von dem Alter des Kindes ab, ob es nun sieben oder zwölf Jahre alt ist.

Üben in kleinen Gruppen

Ich arbeite mit Kindern in Gruppengrößen von sechs Kindern. Mal sind es nur Mädchen oder nur Jungen, mal auch gemischte Gruppen, die dieses Verfahren erlernen wollen. Die Größe hat sich, zumindest bei uns, nach vielem Herumexperimentieren als ideal herausgestellt. Die Kinder sind meist sehr nervös, leiden unter Schlafstörungen oder Schlaflosigkeit, Ängsten vor der Schule, Konzentrationsschwierigkeiten, Streß in der Schule. Vor allem aber haben fast alle Kinder Freizeitstreß.

In der Gruppe können sich Kinder oft besser austauschen und voneinander lernen als unter vier Augen mit einem Erwachsenen. Außerdem erfahren sie, daß sie mit ihren Problemen keineswegs allein sind.

Da wir auch immer vor den Übungen eine Gesprächsrunde haben, kommen die vielen Hobbys zutage, die unweigerlich zu Hetzsymptomen führen, da ein Termin den anderen jagt. Ein Beispiel von vielen: Karin, neun Jahre alt, spielt Tennis, ist in einer Jugendmusikkapelle, reitet, geht zum Judo und schwimmt in einer Mannschaft. Sie wird von einem Termin zum anderen gefahren und ist lustlos und nervös. Abends, wenn sie oft alleine ist, schaut sie Videos an. Sie sehen schon, was zuviel ist, ist zuviel.

- **Ab welchem Alter klappt Autogenes Training?**
  Ab ca. sieben Jahren kann man mit dieser Trainingsform, dem Autogenen Training, bei Kindern beginnen.

- **Zu welcher Zeit trainiere ich mit meinem Kind oder lasse es trainieren?**
  Erfahrungswerte zeigen, daß es sehr gut morgens vor dem Schulbeginn ist, dann nachmittags, um sich für die Hausaufgaben zu regenerieren, und abends noch mal zum Einschlafen. Man kann das Verfahren auch als ein Sparschwein bezeichnen: Oben investiere ich meine Zeit, und unten erhalte ich dafür Entspannung und noch mehr Zeit wieder zurück, weil ich bzw. mein Kind dadurch frisch und konzentriert werde/wird.

Wenn das Kind erst einmal begriffen hat, daß jedes Trainieren zu einer wohltuenden Entspannung führt, wird es freiwillig mitmachen und die Eltern sogar daran erinnern, daß jetzt Üben angesagt ist.

- **Wie oft sollte mein Kind trainieren?**
  Bewährt hat sich dreimal trainieren über den Tag hinweg. Und es sind auch jedesmal maximal ca. 15 Minuten erforderlich für eine Trainingseinheit. Das Wichtigste beim Autogenen Training ist, daß man es durchführt.

Die richtige Position zum Üben

Wir können das Kind im Sitzen oder im Liegen üben lassen. Das Sitzen ist dann wichtig, wenn das Kind das Autogene Training auch mal kurz vor einer Probe oder Arbeit in der Schule oder vor dem Gedichtaufsagen anwendet, z. B. mit der Formel »Ich bin ganz ruhig«; das kann man auch mit offenen Augen, ohne daß es die Klassenkameraden merken.
Da ist es sehr wichtig, das Training im Sitzen zu beherrschen, sonst müßte man ja immer eine Matratze oder dergleichen mitnehmen. Die beste Entspannung ist natürlich im Liegen gegeben. Also ist beim Üben ein Wechsel zwischen Sitzen und Liegen sinnvoll.
Für die Tür zu ihrem Zimmer lassen Sie die Kinder ein schönes Schild malen: »Bitte nicht stören!« Alle Familienmitglieder werden so darauf aufmerksam gemacht, daß jetzt Ruhe zu herrschen hat, weil jetzt von dem Kind das Autogene Training geübt wird.

Ruhe muß sein

Ruhe am Anfang ist eine ganz wichtige Voraussetzung für das Gelingen der Übungen. Ich kenne sehr viele Familien, in denen mittlerweile vom Kind bis zur Oma alle Autogenes Training machen. Und je öfter trainiert wird, um so weniger werden die Geräusche wie Autolärm, Haustür- oder Telefonklingeln, Glockengeläute oder Kindergeschrei als störend empfunden. Eingebettet in Geschichten können wir die Formeln des Autogenen Trainings dem Kind näherbringen und der Phantasie freien Lauf lassen.

- Wir lassen das Kind sich nun bequem hinlegen, es soll die Augen zumachen.
- Wir sagen zu dem Kind: »Die Augen sind ganz müde und schwer – die Augen sind ganz müde und schwer – die Augen sind ganz müde und schwer – die Augen sind ganz müde und schwer – die Augen sind ganz müde und schwer – die Augen sind ganz müde und schwer...
- Jetzt denke mal an einen Kater, der in seinem Körbchen liegt. Er liegt auf dem Rücken (ganz wichtig für die Position des Übens) und läßt sich die Sonne ganz warm auf sein Fell scheinen. Die Augen von dem Kater sind auch ganz müde und schwer, die Beine locker ausgestreckt, auch der Schwanz hängt ganz locker herunter.
- Ich bin ganz ruhig – ich bin ganz ruhig – ich bin ganz ruhig – ich bin ganz ruhig – ich bin ganz ruhig – ich bin ganz ruhig...
- Jetzt liegst du an einem schönen, warmen Sandstrand; die Sonne scheint ganz warm auf deinen Bauch und auf deinen rechten Arm, den linken Arm, das rechte und das linke Bein.
- Die Augen sind geschlossen, und ein leichter Wind weht kühlend über dein Gesicht.
- Ich bin ganz ruhig und entspannt – ich bin ganz ruhig

Der Lärm wird zwar noch wahrgenommen, aber die Geräuschkulisse tritt in den Hintergrund, weil Ihr Kind lernt, sich auf seinen Körper zu konzentrieren und sich so zu entspannen.

und entspannt – ich bin ganz ruhig und entspannt – ich bin ganz ruhig und entspannt – ich bin ganz ruhig und entspannt – ich bin ganz ruhig und entspannt…«

Wunderbare Unterwasserwelt – eine Ruheübung

- Jetzt stell dir vor, du gehst mit mehreren anderen Kindern auf ein schönes, altes Segelschiff. Die Sonne scheint ganz warm, und wir haben auch einen angenehmen Wind, der uns auf das Meer hinaustragen wird.
- Wir fahren mit dem Schiff hinaus auf das Meer; die See ist ganz ruhig, und das Wasser ist ganz glasklar und warm, und wir haben alle eine Taucherausrüstung dabei.
- Nun ziehen wir den Taucheranzug an und die Schwimmflossen, die Taucherbrille; wir legen die Sauerstoffflasche wie einen Rucksack an und nehmen das Mundstück des Sauerstoffschlauches in den Mund.
- Nun springen wir alle nacheinander in das glasklare, warme Wasser und tauchen in die wunderbare Unterwasserwelt ein, sehen die vielen bunten Fische und die Korallenhöhlen; und wir tauchen ganz langsam hin und her, schauen uns das alles in Ruhe an; und wir atmen dabei auch ganz ruhig und gleichmäßig.

Sobald Kinder im Reich der Phantasie angekommen sind, trägt ihre unverstellte Vorstellungskraft sie meilenweit davon. Sie finden Ruhe, um die Seele baumeln zu lassen.

- Wir sehen die Luftbläschen von den anderen Kindern aufsteigen und unsere eigenen.
- Wir fühlen uns ganz locker und frei zwischen diesen wunderschönen Fischen der Unterwasserwelt.
- Wir atmen ganz ruhig und gleichmäßig – wir atmen ganz ruhig und gleichmäßig – wir atmen ganz ruhig und gleichmäßig – wir atmen ganz ruhig und gleichmäßig – wir atmen ganz ruhig und gleichmäßig – wir atmen ganz ruhig und gleichmäßig...
- Und das Herz schlägt ganz ruhig und gleichmäßig – das Herz schlägt ganz ruhig und gleichmäßig – das Herz schlägt ganz ruhig und gleichmäßig – das Herz schlägt ganz ruhig und gleichmäßig – das Herz schlägt ganz ruhig und gleichmäßig – das Herz schlägt ganz ruhig und gleichmäßig...
- Alles ist im Einklang, und wir fühlen uns unbeschreiblich wohl. Und weil das alles so schön ist, fühlen wir auch ein wohliges Gefühl in unserem Bauch...
- Und nach einiger Zeit tauchen wir langsam wieder auf und klettern über eine Leiter wieder in das Boot hinein, ziehen unsere Taucherkleidung wieder aus, trocknen uns ab und legen uns auf die Sonnenstühle, die auf dem Bootsdeck stehen. Dort können wir noch mal alles genießen und auch träumen von dem, was wir alles unter Wasser erlebt haben.
- Die Augen sind ganz müde und schwer.
- Der rechte Arm ist auch ganz schwer (schwer wie Blei oder wie ein Elefant oder ein Flußpferd) – der rechte Arm ist ganz schwer – der rechte Arm ist ganz schwer – der rechte Arm ist ganz schwer – der rechte Arm ist ganz schwer – der rechte Arm ist ganz schwer...
- Und der linke Arm und die Beine sind auch ganz schwer, und die Sonne scheint ganz warm auf uns herab; und der rechte Arm ist ganz warm – der rechte Arm ist ganz warm – der rechte Arm ist ganz warm – der rechte Arm ist ganz warm – der rechte Arm ist

Wenn Tiere die Phantasie beflügeln, sind Kinder besonders konzentriert bei der Sache. Und wer möchte nicht wie ein Fisch das Wasser und die Sonne genießen?

Oft folgt der Entspannung ein geruhsamer Schlaf. Geschieht dies zur Schlafenszeit, sollte kein »kühlender Wind« das Kind aus seinen Träumen reißen.

ganz warm – der rechte Arm ist ganz warm...

- Und auch der linke Arm und die Beine sind ganz warm, und der ganze Körper ist ganz schwer und ganz warm – und der ganze Körper ist ganz schwer und ganz warm – und der ganze Körper ist ganz schwer und ganz warm – und der ganze Körper ist ganz schwer und ganz warm – und der ganze Körper ist ganz schwer und ganz warm – und der ganze Körper ist ganz schwer und ganz warm...
- Wir denken an die Atmung der Frösche und der Fische, bei denen man die Atmung ja so gut sehen kann, und atmen selbst ganz ruhig und gleichmäßig; und das Herz schlägt auch ganz ruhig und gleichmäßig wie eine Pumpe, die immer ganz gleichmäßig funktioniert: ein- und ausströmt, ein- und ausströmt, ein- und ausströmt, ein- und ausströmt, ein- und ausströmt, ein- und ausströmt...
- Und die Sonne scheint auch ganz warm auf unseren Bauch, der Bauch ist ganz ruhig und strömend warm – der Bauch ist ganz ruhig und strömend warm – der Bauch ist ganz ruhig und strömend warm – der Bauch ist ganz ruhig und strömend warm – der Bauch ist ganz ruhig und strömend warm...
- Ich bin ganz ruhig – ich bin ganz ruhig – ich bin ganz ruhig – ich bin ganz ruhig – ich bin ganz ruhig – ich bin ganz ruhig...

Wenn das Kind schlafen soll, belassen wir es dabei.

Kühler Wind weht um die Stirn

Wenn das Kind nach dieser Übung aufstehen soll, wenn also die Übung morgens oder über Tag angewandt wird, muß unbedingt »zurückgenommen« werden, d. h., man stellt sich vor, daß jetzt ein schöner, kühler Wind über die Stirn weht:

- Ich bin ganz frisch und konzentriert – ich bin ganz frisch und konzentriert – ich bin ganz frisch und konzentriert – ich bin ganz frisch und konzentriert – ich bin ganz frisch und konzentriert – ich bin ganz frisch und konzentriert...

- Dann die Arme fest beugen und strecken – fest beugen und strecken – fest beugen und strecken – fest beugen und strecken – fest beugen und strecken – fest beugen und strecken... räkeln, räkeln... tief ein- und ausatmen und dann die Augen aufmachen.
- Um uns die Kühle noch besser vorstellen zu können, nehmen wir den Zeigefinger in den Mund, benetzen ihn mit Spucke und streichen sie auf die Stirn, das dreimal; und die Verdunstung auf unserer Stirn gibt uns die angenehme Kühle, und wir werden wieder frisch.

Diese Übung läßt sich sehr gut auch unabhängig von den anderen Übungen im Sitzen, z. B. in der Schule, auch mit offenen Augen durchführen. Das verbessert die Konzentration ungemein.

Intensive Entspannung für Körper und Geist

Mit diesen Übungen lernen Sie und Ihr Kind schon bald, den Körper intensiv zu entspannen und dadurch zu regenerieren. Die Muskeln entspannen sich sehr schön, die Augen erholen sich, das Blutgefäßsystem wird beeinflußt, es kommt zu mehr Wärme, die Atmung wird ruhiger und gleichmäßiger, das Herz schlägt ruhiger und gleichmäßiger, und das größte Nervengeflecht im Bauch wird ruhig und strömend warm. Das wirkt sich auch wieder sehr positiv auf das gesamte Wohlbefinden und auf die sich im Bauch befindlichen Organe aus.
Bei den Übungen wünsche ich viel Spaß und eine gute Entspannung! Je besser die Übungen klappen, d.h., wenn auch schon beim zweiten oder dritten Mal z. B. die Armschwere oder die Wärme – die bessere Durchblutung in den Armen – eintritt, kann man die Übungsmenge auch reduzieren. Damit wird auch wieder Zeit gewonnen.

Körper, Geist und Seele sind auch bei Kindern eine untrennbare Einheit. Wohlbefinden stellt sich ein, wenn zwischen Körper, Geist und Seele Einklang und Harmonie herrschen.

Augen, Arme und Beine, Bauch und Herz sind für Kinder keine unbekannten Größen. Sie begreifen sehr früh, daß dies wesentliche Qualitäten eines Menschen sind.

Autogenes Training

Zusammenfassung der Übungen für Kinder auf einem Blick

So führen Sie die Entspannung herbei

- *Die Augen sind ganz müde und schwer – sechsmal üben*
- *Ich bin ganz ruhig – sechsmal üben*
- *Der rechte Arm ist ganz schwer – sechsmal üben*
- *Der linke Arm ist ganz schwer – sechsmal üben*
- *Das rechte Bein ist ganz schwer – sechsmal üben*
- *Das linke Bein ist ganz schwer – sechsmal üben*
- *Der rechte Arm ist ganz warm – sechsmal üben*
- *Der linke Arm ist ganz warm – sechsmal üben*
- *Das rechte Bein ist ganz warm – sechsmal üben*
- *Das linke Bein ist ganz warm – sechsmal üben*
- *Die Atmung ist ganz ruhig und gleichmäßig – sechsmal üben*
- *Das Herz schlägt ganz ruhig und gleichmäßig – sechsmal üben*
- *Der Bauch ist ganz ruhig und strömend warm – sechsmal üben*
- *Ich bin ganz ruhig – einmal üben*

So nehmen Sie die Entspannung zurück

- *Die Arme fest beugen und strecken*
- *Tief ein- und ausatmen*
- *Die Augen öffnen…*

Wochenplan für das Autogene Training

Mit diesem Wochenfahrplan für das Autogene Training sorgen Sie dafür, daß das Kind täglich übt. Es kann auch anhand von Kreuzchen eintragen, wie die Übungen jeweils funktioniert haben – sehr gut, zufriedenstellend oder nicht so gut.

x x x Übungen, die sehr gut verliefen
x x Übungen, die gut verliefen
x Übungen, die nicht so gut gelaufen sind

Übungen	Mo	Di	Mi	Do	Fr	Sa	So
morgens							
mittags							
abends							

Ein spezieller Leitsatz für jede Woche

Oft hilft es den Kindern auch, wenn sie sich für die kommende Woche die Lösung eines Problems fest vornehmen. Schreiben Sie den Vorsatz zusammen mit dem Kind auf einen Zettel und hängen sie ihn gut sichtbar auf. Die Vorsätze können beispielsweise so aussehen:

- Diese Woche schaffe ich meine Probe ganz gelassen.
- Beim Diktat bin ich ganz konzentriert.
- Beim Zahnarzt bin ich ganz ruhig und entspannt.
- Beim Fußballtraining bin ich motiviert und konzentriert.
- Ich bin gelassen und mit mir zufrieden.

Der häufigste Fehler, der beim Trainieren gemacht wird, ist der, daß man einfach aufhört zu üben und so der Schlendrian eintritt.
Das tägliche Trainieren sollte in Fleisch und Blut übergehen, genauso wie das tägliche Zähneputzen.

Das konsequente, tägliche Üben ist wichtige Voraussetzung dafür, daß das Autogene Training immer leichter und wirkungsvoller verläuft und somit den Kindern auch zunehmend mehr Spaß und Erfolg bringt.

Genau wie wir eine Körperhygiene betreiben oder eine Zahnhygiene, so betreiben wir mit dem Autogenen Training eine Nervenhygiene, eine Nervenpflege, die dem Kind sehr gut tut und für die Erwachsenen natürlich genauso positiv wirkt. Das heißt: Man lebt das Autogene Training, es wird ein nicht mehr wegzudenkendes Bedürfnis.

Tiefer und entspannter schlafen

»Kann ich besser schlafen mit dem Autogenen Training?«, fragte mich Michael, zehn Jahre alt. Diese Frage muß mit einem klaren »Ja!« beantwortet werden. Durch die Übungen der Schwere und durch die Wärmeübungen wird die Muskulatur in den Armen und Beinen entspannt und das Blutgefäßsystem besser durchblutet. Das heißt, die Arterien, die sauerstoffreichen Schlagadern, die mit unserem Nervensystem verbunden sind, können wir durch willentliche Beeinflussung erweitern oder verengen. Durch das Erweitern kommt die Wärme- und Schwereübung zustande. Das heißt, durch die Formeln Ruhe, Schwere, Wärme haben wir die richtigen Möglichkeiten zur Schlafförderung herangezogen.

Autogenes Training als Gesundheitstraining

Zahlreiche streßbedingte Beschwerden können mit Autogenem Training beseitigt oder zumindest gelindert werden. Vergleichen Sie dazu auch die ausführliche Tabelle ab Seite 91.

Bei diesen Beschwerden kann Autogenes Training helfen

- Kopfschmerzen
- Verspannungen
- Rückenschmerzen
- Herz- und Kreislauferkrankungen
- Magen- und Darmerkrankungen
- Schlafstörungen
- innere Unruhe
- Nervosität
- Abgespanntheit
- Konzentrationsschwierigkeiten
- Atembeschwerden (Asthma, Allergien)
- Heuschnupfen – usw.

Die Tiefmuskelentspannung

Die Übungen können im Sitzen als auch im Liegen ausgeführt werden. Zunächst werden sie jedoch für das Üben im Sitzen auf einem Stuhl mit Lehne beschrieben. Wichtig ist, daß das Kind die Augen geschlossen hält.

Die Tiefmuskelentspannung

So führen Sie die Entspannung herbei

- *Ich bin ganz ruhig – sechsmal üben*
- *Der rechte Arm ist ganz schwer – sechsmal üben*
  Beispiel Schwere: *Elefant, Nashorn oder Nilpferd*
- *Der rechte Arm ist ganz warm – sechsmal üben*
  Beispiel Wärme: *Sonnenstrahlen, heißes Bad*
- *Die Atmung ist ganz ruhig und gleichmäßig – sechsmal üben*
  Beispiel Atmung: *Fische oder Frösche, bei denen man die Atemtechnik gut sehen kann*
- *Das Herz schlägt ganz ruhig und gleichmäßig – sechsmal üben*
  Beispiel Herz: *Pumpe*
- *Das Sonnengeflecht ist ganz ruhig und strömend warm – sechsmal üben*
  Beispiel Sonnengeflecht: *Hängebauchschwein, Sonne scheint mir auf den Bauch*
- *Ich bin ganz ruhig – einmal üben*

So nehmen Sie die Entspannung zurück

- *Ich bin ganz frisch und konzentriert – sechsmal üben*
  Beispiel Frische: *Wind; wir stecken den Zeigefinger in den Mund, dann ablecken und Spucke auf die Stirn streichen; die Verdunstung ergibt eine angenehme Kühle auf der Stirn*
- *Arme fest beugen und strecken*
- *Tief ein- und ausatmen*
- *Augen auf*

Bei jeder Position zum Üben sollte man darauf achten, daß der Körper sich wirklich entspannen kann und nicht zu etwas gezwungen wird, was er nicht mag.

Tiefmuskelentspannung, die Spaß macht

Jeder Anspannung muß die Entspannung folgen. Nur so wird das gewünschte Ergebnis erzielt.

Die folgenden Tiefmuskelentspannungsübungen haben sehr phantasievolle Namen. Sie heißen King Kong, Quasimodo, Siegfried, Herkules und Tarzan. Das erleichtert dem Kind den Umgang mit den Übungen. Bei der nächsten Übung – King Kong – z. B. kann es sich beim Spannen der Arme vorstellen, wie King Kong mit seinen starken Armen Bäume und Menschen hochhebt, als wären sie federleicht.

King Kong

1. **Anspannung**
   Die Augen schließen. Sechsmal beide Arme beugen, die Fäuste sind geballt, die Armmuskeln fest angespannt: diese Spannung ca. 5 Sekunden halten, dabei gleichmäßig atmen!, durch die Nase ein, durch den Mund aus (nicht die Luft anhalten!), dabei gerade sitzen, die Brust raus wie King Kong. Puh, das ist ganz schön anstrengend!

2. **Entspannung**
   Nach 5 Sekunden Spannung halten kommt die Entspannung nach der Anspannung: Hände, Arme, Schultern ca. 5 Sekunden entspannt hängen lassen. Dabei wird es warm in den Händen und Armen, das ist ein tolles Gefühl. Tief ein- und ausatmen.

Wir machen also sechsmal hintereinander abwechselnd Anspannung (Fäuste ballen, Armmuskeln anspannen) und Entspannung (Hände, Arme, Schulter hängen lassen), jeweils 5 Sekunden lang. Dann geht es weiter mit »Quasimodo«.

linkes Bild:
Die Fäuste sind geballt, die Armmuskeln angespannt.

rechtes Bild:
Wir sitzen gerade, die Brust ist angespannt wie bei King Kong.

Bild unten:
5 Sekunden lang muß die Spannung in den Fäusten gehalten werden, dann folgt die Entspannung: Arme und Schultern hängen lassen, ausatmen.
Jetzt wird es warm in den Händen und Armen.

linkes Bild:
Bis zu den Ohren werden die Schultern hochgezogen.

rechtes Bild:
Brust raus und den Hals verschwinden lassen. Gleichmäßig atmen.

Wie Quasimodo, der mißgestaltete Glöckner von Notre-Dame in Paris, ziehen die Kinder bei der nächsten Übung die Schultern nach oben.

Quasimodo

1. Anspannung
Die Augen schließen. Sechsmal die Schultern bis zu den Ohren hochziehen und dabei den Hals ganz verschwinden lassen. Die Brust raus! und gerade sitzen.
Nicht die Luft anhalten, sondern gleichmäßig atmen: durch die Nase ein- und den Mund ausatmen, jedesmal ca. 5 Sekunden halten – so ist's prima! Wenn die Schultern verspannt sind, tut's vielleicht ein bißchen weh, aber das gibt sich.

Nach dieser Anspannung folgt die Entspannung. Die Schultern hängen lassen. Dann wieder anspannen und wieder entspannen.

2. Entspannung
Nach 5 Sekunden Spannung halten kommt wieder die Entspannung. Dabei die Schultern hängen lassen, tief ein- und ausatmen. Langsam kommst du ins Schwitzen.

Wir machen also wieder sechsmal hintereinander abwechselnd Anspannung (Schultern hochziehen) und Entspannung (Schultern hängen lassen), jeweils 5 Sekunden lang. Danach folgt »Siegfried«.

Siegfried, der Held aus dem Nibelungenlied, war so stark, daß er es als einziger schaffte, den grausamen Drachen zu töten, der die Menschen bedrohte. Die folgende Schulterübung verweist auf dessen Kraft und Stärke.

Siegfried

1. Anspannung
Augen schließen. Sechsmal beide Schultern nach hinten nehmen, dabei bei hängenden Armen die Handflächen so nach außen drehen, daß die Schulterblätter hinten zusammenkommen... Diese Position ca. 5 Sekunden mit viel Spannung halten.

2. Entspannung
Die Schultern sechsmal ganz locker hängen lassen, auch immer für 5 Sekunden.

Wir machen also auch hier sechsmal hintereinander abwechselnd die Anspannung (Schulterblätter zusammennehmen) und Entspannung (Schultern hängenlassen). Dann folgt »Herkules«.

Die Schultern weit nach hinten nehmen, die Handflächen nach außen drehen. Die Schulterblätter kommen sich dabei immer näher.

Fünf Sekunden bleiben die Schultern in dieser angespannten Position.

Nun hängen die Schultern wieder unten. Das bringt Entspannung und Wohlbefinden.

Auf Herkules, den Helden aus dem griechischen Mythos, spielt diese Übung an. Um seine zwölf Heldentaten zu überstehen, brauchte er gewiß auch viel gebündelte Kraft in den Beinen.

Herkules

1. Anspannung

Die Augen immer noch geschlossen halten.
So, jetzt kommen deine Beine dran.
Und immer gleichmäßig atmen!
Zuerst das rechte Bein:
So, als wenn du ein Loch in den Fußboden drücken wolltest, die rechte Ferse sechsmal ganz fest auf den Fußboden drücken. Das Knie ist dabei halb durchgestreckt, Ober- und Unterschenkelmuskeln sind alle ganz fest angespannt.
Die Spannung für 5 Sekunden halten.

2. Entspannung

Dann sechsmal das Bein locker machen und ausruhen lassen.
Nach jeder Anspannung soll auch die Entspannung 5 Sekunden dauern.

3. Die Beine wechseln

Jetzt ist das linke Bein dran:
Das rechte Bein ist locker, das linke Bein arbeitet und macht die oben beschriebenen Übungen.
Und nach jedem Mal die Entspannung, jeweils für 5 Sekunden. Das tut gut!

Wir machen also sechsmal hintereinander abwechselnd Anspannung – Entspannung,

- jeweils 5 Sekunden lang,
- erst mit dem rechten Bein
- und dann mit dem linken Bein.

Dann geht es weiter mit »Tarzan«.

Jetzt kommt das rechte Bein dran.
Die linke Ferse steht ganz fest auf dem Boden, das Knie ist halb durchgedrückt.
Oberschenkel- und Unterschenkelmuskeln sind fest angespannt. Eigentlich müßte durch diesen Druck ein riesengroßer Krater im Boden entstehen...

Tarzan

1. Anspannung
Augen diesmal auf! Sechsmal den Oberkörper nach vorne beugen, mit beiden Fäusten bis zum Fußboden; dann so tun, als ob man sich an einer unsichtbaren Liane langsam Stück für Stück nach oben zieht bis zur Streckung des Oberkörpers und beider Arme. Beim Hochziehen die gedachte Liane fest mit den Händen umgreifen und die Handmuskeln fest anspannen.

2. Entspannung
Jedesmal dazwischen die Entspannung. Die Arme einfach locker hängen lassen, die Muskeln ausruhen und ruhig ein- und ausatmen.

Weit beugt sich der Oberkörper nach vorne, die Fäuste berühren den Boden. Auf dem Boden ist ein unsichtbares Seil befestigt. Man kann sich wunderbar damit nach oben ziehen.

Stück für Stück zieht man sich an der unsichtbaren Liane nach oben, bis schließlich der Oberkörper und beide Arme ganz gestreckt sind.

Oben angekommen, werden die Handflächen wieder geöffnet, die Schultern dürfen hängen. Sechsmal wird die Tarzan-Übung wiederholt. Sechsmal folgt Entspannung auf Anspannung.

Nach jedem Üben ist die Pause sehr wichtig. Sie sollte doppelt so lange dauern wie die vorangegangene Übung.

Im Liegen geht es auch

Das war das Kurzprogramm der Entspannung, die Spaß macht. Im Liegen sind diese Übungen natürlich genauso gut möglich. Und zwar legen wir uns zu diesem Zweck bequem auf das Bett oder auf eine Decke.

- Wir schließen sanft die Augen, ballen beide Hände zu Fäusten, beugen langsam beide Arme, spannen dabei die Muskeln im Unter- und Oberarm an. Wir achten auf eine gleichmäßig ruhige Atmung, das ist sehr wichtig bei allen Übungen, damit der Blutdruck nicht steigt und man keinen ganz roten Kopf oder auch keinen Hustenreiz bekommt. Wir halten diese Spannung für zwei bis drei Atemzüge, spüren die angespannten Muskeln und legen nach der Zeit die Arme wieder langsam auf den Boden ab und öffnen die Fäuste. Wir spüren die Wärme, die durch beide Arme fließt. Das Ganze machen wir ca. sechsmal.
- Nun ziehen wir die Schultern langsam Richtung Ohren, halten auch die Spannung wieder zwei bis drei Atemzüge und lassen die Schultern wieder langsam heruntersinken. Das üben wir auch ein- bis sechsmal, die Pausen dazwischen immer ca. doppelt so lange wie die Anspannungsphase.
- Dann drücken wir den Hinterkopf leicht auf das Kissen, spannen die Nackenmuskulatur an, halten und spüren die Spannung und entspannen wieder die Nackenmuskulatur. Auch das ca. sechsmal üben.
- Wir drücken die Fersen auf den Boden, spannen die Unter- und Oberschenkelmuskeln fest an, halten auch wieder die Spannung, spüren die Spannung und atmen ganz ruhig und gleichmäßig ein und aus, dann entspannen wir wieder. Das auch ca. sechsmal üben.

Nun ist der Körper schön durchblutet und schön warm. Wir sind prima entspannt und können entweder besser schlafen, die Schulaufgaben konzentriert angehen oder Sport treiben.

Bequem und wohlig auf einer Decke ausgestreckt, werden beide Augen geschlossen, sanft, nicht gepreßt!
Hände zu Fäusten ballen und die Arme weit ausstrecken.

Zwei bis drei Atemzüge wird die Spannung gehalten, dann sinken die Arme auf die Unterlage, und die Fäuste öffnen sich.
Wärme fließt durch beide Arme.

Eine gleichmäßige, ruhige Atmung ist bei allen Übungen sehr wichtig. Sie sorgt dafür, daß man keinen roten Kopf und auch keinen Hustenreiz bekommt.

Den Hinterkopf auf das Kissen drücken, den Nacken anspannen – und dann alles wieder ganz locker lassen. So lösen sich Verspannungen, die oft durch das lange Sitzen in der Schule hervorgerufen werden.

Sanfte Massage

Mit Berührungen und Körperkontakt können wir dem Kind sehr viel Geborgenheit, Wohlbefinden und Entspannung vermitteln.
Wir fangen mit dem Rücken an: Das Kind liegt bequem bäuchlings auf einer Decke im Wohnzimmer, wo es schön warm ist, der Kopf liegt gerade, damit auch die Nackenmuskulatur schön entspannt ist; der Kopf kann auf der Hand liegen, damit auch eine freie Atmung gewährleistet ist. Das Kind kann T-Shirt und Trainingshose anhaben, denn unsere sanfte Massage ist auch so wirkungsvoll.

- Mit den Fingerkuppen schieben wir die Muskulatur hin und her in kleinen Bewegungen, nicht kneten. Durch sehr sanftes Klopfen mit den Handflächen auf dem Brustkorb und rechts und links neben der Wirbelsäule von unten nach oben lockern wir die Muskulatur.
- Durch sanftes Klopfen mit den Fingerkuppen von unten nach oben über den ganzen Rücken rechts und links neben der Wirbelsäule sorgen wir auch für eine Lockerung der Muskulatur und lösen Schleim.
- Mit den Handflächen drücken wir dann sanft die Ober- und Unterschenkel von oben nach unten und die Fußsohlen erst des rechten Beines zwei- bis dreimal, dann des linken Beines zwei- bis dreimal. Im Kniebereich dabei bitte besonders vorsichtig sein.
- Die Fußsohlen können wir noch leicht kneten.
- Die Ober- und Unterarme und die Hände drücken wir auch mit den Handflächen ganz sanft.
- Dann lassen wir das Kind sich umdrehen, lassen es sich bequem auf den Rücken legen, geben ein Kissen unter den Kopf und eventuell noch eins unter die Kniekehlen, so daß es sehr entspannt ist.
- Dann streichen wir ganz sanft und vorsichtig im Uhrzeigersinn mit den Händen über den Bauch; kalte

Ist das Kind erkältet, trägt die sanfte Massage dazu bei, daß das Sekret abgehustet werden kann. Dazu klopfen wir ihm leicht auf die Brust, einmal mit der rechten Hand, dann mit der linken Hand und dann beidhändig.

Bei Verstopfung diese Methode mehrmals durchführen. Wichtig ist die Einhaltung des Uhrzeigersinnes, damit man die Darmbewegung, die sogenannte Peristaltik des Darmes nicht stört.

Hände bitte vorher erwärmen, z.B. durch Reiben. Wir gehen also mehrmals mit den Handflächen im Uhrzeigersinn über den Bauch (siehe Bild), streicheln sanft den Bauch in dieser Richtung. Das führt zu Wohlbefinden. Durch einen Reflex entspannen sich die im Bauch befindlichen Organe; und auch das Sonnengeflecht, welches das größte Nervengeflecht des vegetativen Nervensystems ist, wird positiv beeinflußt.

So entspannt sich Ihr Kind von Kopf bis Fuß

Zur Entspannung fährt man ca. fünf- bis zehnmal mit den Handflächen im Uhrzeigersinn über den Bauch. Nun geht man zu den Vorderseiten der Ober- und Unterschenkel und drückt dort auch wieder sanft mit den Handflächen von oben nach unten einschließlich des Fußes. Als letztes werden die seitlich ausgestreckt liegenden Arme noch mal mit den Handflächen gedrückt. Besonders gut tut diese sanfte Massage natürlich auch nach einem Bad, nachdem sich der Körper sowieso schon ganz gut entspannt hat und auch die Muskulatur sehr locker ist.

Entspannung mit dem Igelball

Bei der Igelballmethode sollte die freie Hand immer Kontakt zu dem Kind halten, also auf seinem Körper liegen. Den Igelball kann man sowohl direkt auf der Haut als auch über einem dünnen Hemd oder T-Shirt anwenden.

Als sehr gute Variante zu den Handflächen kann man auch den sogenannten Igelball zur Massage nehmen, einen im Durchmesser ca. acht bis zehn Zentimeter großen Kunststoffball mit Igelnoppen aus Kunststoff (siehe Bild), mit dem man auch den Rücken, die Beine und Arme und auch den Bauch behandeln kann.
Sie werden angeboten als härtere und weiche Bälle und sorgen bei richtiger Anwendung für eine bessere Durchblutung der Haut, für Wohlbefinden und Entspannung.
Welche Methode Sie auch anwenden, das Wichtigste dabei ist und bleibt die körperliche Zuwendung und die beruhigenden Berührungen.

Faulsein – auch ein Weg?

Unseren Kindern müssen wir auch einmal in dieser von Umwelteinflüssen geprägten Welt das Faulsein zubilligen. Durch Träumen, Tagtraum, schöne Bilder sehen, an einen schönen Urlaub oder schöne Erlebnisse denken kann das Kind sehr viel von dem negativen Streß, der es umgibt, abbauen. Auch für uns Erwachsenen wäre es eine sinnvolle Möglichkeit, kurzfristig sich zu entspannen, indem wir in einer Pause einfach mal »tagträumen«, uns ein oder mehrere »ruhegetönte« Bilder vorstellen, z. B. einen von der Sonne beschienenen Baum oder eine Berglandschaft; oder indem man an einen schönen Urlaub zurückdenkt...

Wenn ein Kind nach den Schulaufgaben sich mal nicht so sinnvoll beschäftigt, wie es wir Erwachsenen oft wollen, sondern nur einfach in der Gegend herumträumt, soll man es lassen und unterstützen; denn ein bißchen Träumen und Faulenzen hilft uns in dieser von Technik ausgefüllten Welt, die sich heute ja auch im Kinderzimmer breitgemacht hat, uns zu erholen. Und das ist gut für die Phantasie und Kreativität des Kindes.

Müßiggang ist längst nicht aller Laster Anfang. Vielmehr sind Träume nicht selten die Vorboten positiver Taten.

Die indirekte Entspannung

Mit dieser Entspannungsform ist die Möglichkeit gemeint, Entspannung durch äußere Faktoren zu erreichen, z. B. durch Musikhören: es gibt mittlerweile eine Flut von Entspannungsmusik mit mehr und minder guten Möglichkeiten der Entspannung, von Vogelgezwitscher bis Meeresrauschen, unterlegt mit Synthesizer; manche Musikstücke sollen auch die Lernfähigkeit fördern. Aber auch nur Musik, die dem Kind einfach gefällt, oder Märchenkassetten können das Kind zur Entspannung führen. Auch durch Malen, Basteln, Lesen, Häkeln oder Stricken – wenn es dem Kind Freude macht –, Spaziergänge, einfach mal Herumtoben mit den Geschwistern oder Freunden kann man Entspannung erzielen; oder wenn man sich angenehm in einem Vollbad räkeln kann...

Die geeignete Entspannung wählen

Wenn man nur eine Methode durchführt, braucht man ca. eine Viertelstunde, wenn man es relativ schnell macht; aber wenn man Zeit und Muße hat, kann man das natürlich dementsprechend ausdehnen.

Entspannungsformen für Schulkinder

Ab einem Alter von sechs Jahren kann man mit dem Kind Autogenes Training oder Tiefmuskelentspannung – die Anspannung, die Entspannung bewirkt und Spaß macht, durchführen.

- Kinder zeigen im Alter zwischen sechs und sieben Jahren eine gute Aufnahmefähigkeit, malen sehr gerne und können sich dadurch auch z. B. im Autogenen Training die Schwere und Wärme sehr gut vorstellen, indem sie einen Elefanten, ein Nashorn oder eine Sonne malen.
- Sowohl für Autogenes Training als auch Tiefmuskelentspannung gibt es nach oben keine Altersbegrenzung.
- Sehr sinnvoll ist es, wenn beide Methoden gleichzeitig angewendet werden, z. B. als erstes die Tiefmuskelentspannung und dann das Autogene Training; dafür ist in der Kurzfassung dann ca. eine halbe Stunde Zeit zu investieren.
- Geübt werden sollte konsequent jeden Tag, wenigstens einmal am Tag, maximal dreimal am Tag.

Entspannungsformen für Kleinkinder und Babys

Für Kinder unter sechs Jahren ist das Autogene Training noch nicht geeignet und die Tiefmuskelentspannung nur bedingt. Hier bietet sich die Möglichkeit der sanften Massage, die natürlich auch einem Schulkind zugute kommen sollte.

Bei einem Kleinkind kann man ohne weiteres schon die Massage anwenden, ist es doch eine Form der Körperberührung, der Zärtlichkeit, die dem Kind das Gefühl der Geborgenheit und des Wohlbefindens vermittelt. Natürlich hat das Kleinkind (meistens) noch keine Verspannungen im Rücken, die man bei Schulkindern ja schon häufiger findet. Man kann jedoch die Rückenbehandlung einfach nur zum Zweck des Körperkontaktes und der Entspannungsvermittlung einsetzen.

Ganz anders ist es hier bei der Bauchbehandlung, die gerade bei Kleinkindern und auch Säuglingen nicht nur beruhigend wirkt, sondern auch einen therapeutischen Effekt hat. Gerade kleine Kinder und Babys leiden oft unter Bauchschmerzen durch Blähungen oder Verstopfung. Diese kann man durch die richtig eingesetzte Bauchbehandlung lindern und aufheben, so daß dem Baby wieder deutlich wohler ist.

Auch sanfte Entspannungsmusik bewirkt bei sehr lebhaften, im neuen Sprachgebrauch »hyperaktiv« genannten Kindern eine nachhaltige Beruhigung, wenn sie einfach nur im Hintergrund gespielt wird. Das Spielen mit Bauklötzen oder anderem altersgerechten Spielzeug kann man ruhig auch zu der indirekten Entspannung für Kleinkinder rechnen.

Auch die indirekte Entspannung ist bei Kleinkindern schon angezeigt, sei es durch das Vorlesen eines Buches, das Erzählen einer Phantasiegeschichte oder das Anschauen von Bilderbüchern.

Aktives Mitwirken ist notwendig

Kinder jeden Alters finden schnell heraus, was sie mit solch einer Trainingsform erreichen können, und finden Gefallen an der Entspannung, da sie sich einfach sehr viel wohler fühlen, sich schnell regenerieren und sich besser konzentrieren können, auf was auch immer. Dadurch, daß die Kinder fähiger sind als die Erwachsenen, schnell zu lernen, setzen sie diese Entspannungsmöglichkeiten auch sehr schnell ein. Hier ein Beispiel, welches zwar nicht nachzuahmen sein sollte, aber sehr anschaulich die Möglichkeiten eines Kindes darstellt: Tobias, sieben Jahre alt, beherrschte die Sonnengeflechtsübung so perfekt, daß er sie eines Tages einfach umkehrte und sich so beeinflußte, daß ihm übel wurde, und er somit nicht in die Schule mußte, wo an dem Tag eine Übung geschrieben werden sollte. Das zeigt nicht nur den Perfektionismus, mit dem die Kinder oft das Autogene Training betreiben, sondern auch die Phantasie eines Kindes, auf so etwas überhaupt erstmal zu kommen.

Die Vorteile erkennen

Das Entspannungsverfahren sollte zur Gewohnheit werden, genauso wie das tägliche Zähneputzen.

Da Kinder im allgemeinen mit dem Begriff »Entspannung« wenig anfangen können, muß man ihren Willen unterstützen und fördern, ein solches Entspannungsverfahren zu erlernen. Wir sollten das Kind dazu ermutigen und ihm zu verstehen geben, daß es durch ein solches Verfahren gelassener, konzentrierter und im Endeffekt leistungsfähiger ist als ein Kind, daß keine Entspannungsverfahren beherrscht. Es sollte erkennen und wird es auch selbst merken, daß ihm vieles leichter fällt in der Schule und Freizeit, wo es sonst Probleme gehabt hat.

Gelassen und konsequent üben

Das Wichtigste gerade bei dem Entspannungsverfahren Autogenes Training ist das Durchhaltevermögen des Kindes; denn nur, wer täglich übt, und das mehrmals am Tag, also ein- bis dreimal, kann besser schlafen, sich besser konzentrieren usw. Das heißt, für jeden Lebensabschnitt, für jede noch so schwierige Situation einen echten Joker im Ärmel zu haben. Denn Prüfungen und Tests begleiten uns das ganze Leben lang.
Ich kann aus meiner Erfahrung sagen, daß sich nach ein paar Wochen erste Erfolge einstellen werden, wenn man gelassen und konsequent übt.

Entspannung gezielt einsetzen

Schule, Sport und Freizeit

Die Erwartungshaltung von Lehrern und Eltern setzt die Kinder unter einen enormen Streß. Oft sind sie den Anforderungen der Realschule oder des Gymnasiums nicht gewachsen, aber: »Mein Sohn, meine Tochter geht doch nicht auf die Hauptschule!«
Durch die Reizüberflutung, der das Kind außerhalb der Schule ausgesetzt ist, wie Fernsehen, Computer usw., hat es den Kopf so voller anderer Dinge, daß es sich oft in der Schule nicht mehr ausreichend konzentrieren kann.

Ohne gezielte Entspannung und Konzentrationsübungen wird so manches Kind immer nervöser, zappeliger und irgendwann auch desinteressiert.

Schulstreß

In der Schule selber, im Klassenzimmer kann das Kind sich besser konzentrieren, wenn es das Autogene Training beherrscht und es während einer Prüfung oder dem Gedichtaufsagen gedanklich das Autogene Training übt und sich so positiv beeinflussen kann: »Ich schaffe es, ich bin ganz konzentriert!« Oft kommt es ja vor, daß das Kind zu Hause alles gewußt hat, alles gelernt hat; aber wenn es dieses dann in der Schule in der Prüfungssituation anbringen soll, ist es oft so aufgeregt und hat so viel Angst, daß ihm wirklich nichts mehr einfällt und es kein Wort herausbringt. Das sind oft solche Problemfälle, mit denen ich in meiner Praxis dann zu tun habe.
Begeistert zeigen mir dann immer wieder die Kinder ihre Zeugnisse und auch Proben innerhalb des Schuljahres,

wenn sie sich durch die Entspannungsmöglichkeiten Autogenes Training und Tiefmuskelentspannung manchmal um zwei Noten verbessern konnten.

Abstand gewinnen und abschalten

Zwischen Schule und Hausaufgaben sollte das Kind ausreichend Zeit zum Regenerieren und Erholen haben. In dieser Zeit sollte das Autogene Training oder die Tiefmuskelentspannung durchgeführt werden. So entsteht neue Energie für die Hausaufgaben.

Das Kind sollte Autogenes Training und die Tiefmuskelentspannung oder eines von beiden am besten immer nach der Schule zum Regenerieren vor den Hausaufgaben und abends noch mal vor dem Einschlafen üben, um gut schlafen zu können und fit zu sein für den nächsten Tag. Steht am nächsten Tag eine Probe oder Arbeit an, empfiehlt es sich, für morgens den Wecker früher zu stellen, um dann noch mal Zeit zu finden für die Entspannungs- und Konzentrationsübungen im Liegen.
Nach der Schule ist es zweckmäßig, wenn das Kind das Autogene Training oder die Tiefmuskelentspannung im Sitzen durchführt: Als erstes soll sich das Kind, je nach Alter, ein ruhegetöntes Bild vorstellen, z. B. den Kater Garfield oder Snoopy, wie er auf dem Rücken liegt und ihm die Sonne auf das Fell scheint, die Augen sind sanft geschlossen, die Arme und Beine liegen locker auf dem Boden. Ältere Kinder können versuchen, sich ein eigenes, ruhegetöntes Bild zu entwickeln, z. B. Ferienerlebnis, eine schöne Landschaft usw. Ein Kind in einem meiner Kurse hatte einmal einen Kieselstein – auch das ist gut, wenn es seinen Zweck erfüllt, nämlich zu helfen, Abstand zu den Problemen der Schule zu gewinnen und sich voll auf das Autogene Training einstellen zu können.

Autogenes Training

- Ich bin ganz ruhig – sechsmal üben.
- Der rechte Arm ist ganz schwer – sechsmal üben (bei Linkshändern heißt es natürlich: der linke Arm ist ganz schwer).

- Der rechte Arm ist ganz warm – sechsmal üben.
- Die Atmung ist ganz ruhig und gleichmäßig – sechsmal üben.
- Das Herz schlägt ganz ruhig und gleichmäßig – sechsmal üben.
- Das Sonnengeflecht ist ganz ruhig und strömend warm – sechsmal üben.
- Die Stirn ist angenehm kühl, ich bin ganz frisch und konzentriert – sechsmal üben.

Dann wird zurückgenommen: die Arme fest an den Körper ziehen und nach oben strecken und tief ein- und ausatmen und die Augen öffnen. Sobald das Kind die Übungen schneller realisieren kann, also die Schwere, Wärme usw. schon früher spürt als erst beim sechsten Mal Üben, kann man die Übungen entsprechend verkürzen. Sechsmal üben ist ein absoluter Mittelwert.

Mit der Zeit geht es immer besser

Das gedankliche Übertragen vom rechten Arm auf den linken Arm, das rechte Bein, das linke Bein und den ganzen Körper ist in zunehmendem Maße nicht mehr erforderlich, da über den Gedanken, z. B. »Der rechte Arm ist ganz schwer«, das vegetative Nervensystem, welches wir ja beeinflussen und das eine Einheit ist, dafür sorgt, daß auch die übrigen Körperteile entsprechend reagieren und sich entspannen.

- Die Atemübung bewirkt, daß die Atmung ruhiger und gleichmäßiger wird.
- Die Herzübung bewirkt, daß das Herz auch bei Aufregung ruhiger und gleichmäßiger schlägt.
- Die Übung für das Sonnengeflecht bedeutet, daß alle Organe, die sich im Bauchraum befinden und über das Sonnengeflecht verbunden sind, sich entspannen können und eine angenehme, wohlige Wärme im Bauch entsteht. Denn wenn der Bauch entspannt ist, ist auch das ganze Kind entspannt.

Bei der Schwereübung wird die gesamte Skelettmuskulatur entspannt, bei der Wärmeübung erweitern sich die Arterien, die sauerstoffreichen Blutgefäße – das führt zu der angenehmen Wärme, die wiederum ideal ist zum Entspannen und Einschlafen, zum Regenerieren und Wohlbefinden.

- Die Stirnkühle und »Ich bin ganz frisch und konzentriert« ist eine Wiederaufhebung der anderen Übungen, um sich besser konzentrieren zu können. Diese Übung ist übrigens auch gut gegen Kopfschmerzen.

Das Zurücknehmen am Schluß der Übungseinheiten ist wichtig, um wieder einen Ausstieg aus dem Autogenen Training zu gewährleisten und wieder frisch und munter zu sein.

Tiefmuskelentspannung

Schulkinder sind bereits in der Lage, eine Tiefmuskelentspannung ohne Trainer durchzuführen, wenn sie vorher ausreichend geübt haben.
Die fünf Übungen auf diesen beiden Seiten machen besonders viel Spaß und zeigen Wirkung.

Alternativ zu dem Autogenen Training wirkt die Tiefmuskelentspannung: Das Kind sitzt gerade, die Brust wird herausgestreckt.

- ***1. King Kong:*** Beide Fäuste werden geballt, die Arme langsam gebeugt, die Muskeln im Unter- und Oberarm maximal angespannt. Während der Anspannungsphase Konzentration auf die Atmung, die gleichmäßig und ruhig zu erfolgen hat. Die Anspannung wird ca. drei bis fünf Atemzüge gehalten, dann wird wieder entspannt: langsam die Arme sinken lassen, die Fäuste öffnen und die angenehme Wärme in beiden Armen spüren. Das Ganze wiederholt man sechsmal (Durchschnittswert).
- ***2. Quasimodo:*** Die Schultern werden langsam hochgezogen bis zu den Ohren, die Muskelanspannung spüren und auch wieder drei bis fünf Atemzüge halten, dann die Schultern wieder langsam sinken lassen. Diese Übung auch bis zu sechsmal durchführen.
- ***3. Siegfried:*** Wieder gerade sitzen, Brust herausgestreckt, beide gestreckten Arme nach hinten bringen, die Handflächen zeigen nach vorne, die Schulterblätter hinten werden zusammengebracht, und es wird auch wieder gleichmäßig und ruhig geatmet. Nach drei bis fünf Atemzügen die Spannung wieder aufheben, lockern und auch hier wieder die Wärme in dem Rückenbereich spüren.

- ***4. Herkules:*** Mit der rechten Ferse wird fest auf den Fußboden gedrückt, die Zehen werden nach vorne gekrallt, Unter- und Oberschenkelmuskel fest angespannt; alles gleichmäßig und ruhig, drei bis fünf Atemzüge wird die Spannung gehalten, dann wieder entspannen und die Wärme in dem Bein spüren, die da fließt. Die Übung dreimal wiederholen, dann dasselbe mit dem linken Bein durchführen. Zuletzt üben wir dieses mit beiden Beinen gleichzeitig. Dann werden die Fußsohlen flach auf den Boden gestellt, die Beine und Füße werden gelockert, daß die Muskeln auch ganz entspannt werden.
- ***5. Tarzan:*** Wir beugen uns ganz weit nach vorne, so daß eine Hand bis zum Fußboden reicht; wir stellen uns ein Seil oder eine Liane vor, an dem wir uns langsam hochziehen, Stück für Stück abwechselnd mit der rechten und linken Hand, die so geformt sind wie das dicke Seil oder die Liane. Wir packen richtig fest zu, die Muskeln in der Hand, in den Armen und Schultern sind angespannt, wir atmen aber ganz bewußt gleichmäßig ein und aus. Wir stellen uns noch unser Gewicht vor, das ja jetzt abwechselnd von der rechten und linken Hand hochgezogen werden muß. Ab der Hälfte der Strecke sind die Augen geschlossen, wir heben dann auch noch die Füße vom Boden ab. Wenn die Arme gestreckt sind, hängen wir uns an eine gedachte Reckstange, und wir spüren die gesamte Spannung im Unter- und Oberarm, im Schulterbereich, Gesäß, Ober- und Unterschenkel bis in die Fußspitzen. Nach drei bis fünf Atemzügen stellen wir die Fußsohlen wieder flach auf den Boden auf, lassen uns nach vorne gleiten und atmen ganz tief ein und aus, die Arme lassen wir hängen. Einmal üben.

Wenn das Kind morgens das Autogene Training übt, weil ihm eine Schularbeit bevorsteht, auf die es sich konzentrieren will, legt es den besonderen Schwerpunkt auf die Stirnkühle- und Konzentrationsübung: »Ich schaffe es.«

Nach diesen Übungen der Tiefmuskelentspannung, dem Kurzprogramm im Sitzen, sind die Kinder wieder fit für die Hausaufgaben oder für ein anderes Geschehen. Am

Abend kann man vor dem Einschlafen im Bett liegend das Autogene Training durchführen, in der Regel schläft das Kind schon bei der Schwere- oder Wärmeübung ein. Die Stirnkühleübung und das Zurücknehmen lassen wir weg, wenn das Kind schlafen soll. Es sei denn, das Kind soll abends nach dem Autogenen Training noch mal aufstehen, dann muß unbedingt auch zurückgenommen werden, d. h.: die Arme werden stark gebeugt, gestreckt, es wird tief durchgeatmet.

Sanfte Massage

Man kann auch ab und zu ein gut duftendes Massageöl auf den Rücken und den Schulter-Nacken-Bereich auftragen, das trägt auch zum Wohlbefinden des Kindes bei.

Viele Kinder im Schulalter sind sehr verspannt durch das Sitzen in der Schule, oft auf ungeeigneten Stühlen, die zu groß oder zu klein sind; dann durch das Tragen der zu schweren Schultasche. Hier bietet sich zusätzlich noch an, eine sanfte Massage durchzuführen, besonders im Schulter-Nacken-Bereich: Mit dem Zeigefinger und dem Daumen wird vorsichtig die Nackenmuskulatur gedrückt, vom Kopfrand angefangen bis zum Übergang Hals – Schulter von außen nach innen; dann vorsichtig die Schulterpartie drücken. Nun kann man noch sanft die Schultermuskeln, auch um das Schulterblatt herum, mit den Fingerkuppen schieben und klopfen. Das sanfte Klopfen auf dem Brustkorb rechts und links der Brustwirbelsäule lockert die Rückenmuskulatur ungemein, es wird ca. fünf- bis sechsmal von unten nach oben abgeklopft.

In der Freizeit

In der Freizeit sollte man dem Kind im wahrsten Sinne des Wortes auch die Freizeit belassen, ob nun am Wochenende oder in den Ferien. Auf Entspannungsmöglichkeiten wie das Autogene Training oder die Tiefmuskelentspannung sollte man aber auch hier auf gar keinen Fall verzichten, damit sowohl in der Schule als auch im

Sport diese Möglichkeiten optimal genutzt werden können. Aber auch der indirekten Entspannung sollte freier Raum gelassen werden, ob das nun Malen, Basteln, Spielen ist oder das Anschauen eines schönen Films, bei kleineren Kindern möglichst in Begleitung von Erwachsenen.

Entspannung für das Kind ist es aber auch, einfach mal faul in den Tag hineinleben zu können ohne einen genauen Tagesplan.

Das Sparschweinverfahren

Die Kinder haben nachmittags schulfrei und haben doch nicht frei, denn sie rennen von einem Termin zum anderen, vom Schwimmen zur Geigenstunde, von dort zum Tennisunterricht oder zum Kommunionsunterricht oder dergleichen. Dann kommen sie aufgedreht abends nach Hause, ziehen sich womöglich noch einen Videofilm rein und wundern sich, warum sie nicht einschlafen können. Da sind das Autogene Training oder die Tiefmuskelentspannung eben die geeignetsten Möglichkeiten, die Spannungen abzubauen und ruhig einschlafen und durchschlafen zu können.

Wenn das Kind die Entspannungsverfahren zum Abbau des Schulstresses einsetzt, ist es auch wichtig, in den Ferien und am Wochenende die Übungen fortzusetzen, da es nur durch das tägliche Üben möglich wird, diese Entspannungsverfahren richtig anzuwenden und vor allem wirkungsvoll zu praktizieren.
Und die Wirkung zeigt sich ja dann auch in besseren Schulnoten, leichterem Lernen, dadurch weniger Zeitaufwand zum Lernen und mehr Zeit für andere Tätigkeiten. Es wird also gehandhabt wie bei einem Sparschwein: Oben steckt man etwas – die investierte Zeit – hinein, und unten bekommt man diese Zeit mit Zinsen wieder heraus – als Freizeit.

Da in der Freizeit der Streß oft auch sehr groß oder manchmal noch größer sein kann als in der Schule, sind hier die Entspannungsverfahren auch enorm wichtig.

Der heutige Spitzensport wäre ohne Autogenes Training gar nicht mehr möglich. Bei bestimmten Ausdauersportarten wie z. B. Biathlon ist es ja unbedingt erforderlich, daß die maximale Kreislauftätigkeit nach der großen Anstrengung des Langlaufes in kurzer Zeit zurückgeschraubt wird, um sich dann auf das Schießen konzentrieren zu können und eine ruhige Hand zu haben.

Im Sport

Sport und Entspannung ist eine wunderbare Kombinationsmöglichkeit. Viele meiner kleinen Kursteilnehmer, die Entspannung lernen wollen, setzen diese gekonnt im Sport ein. Es ist dadurch eine sehr gute Leistungsverbesserung zu erreichen. Man kann sich in den Pausen, ob das nun beim Schwimmen, bei Leichtathletik oder Fußball ist, innerhalb kurzer Zeit wieder regenerieren.

Einklang von Körper, Geist und Seele

Auch für die Kinder ist es wichtig, im Sport zu lernen, wie sie innerhalb von wenigen Minuten ihr Herz- und Kreislaufsystem wieder zu einem normalen Zustand bringen können, dann auch während der Anstrengung gleichmäßig zu atmen, um kein Seitenstechen zu bekommen. Auch die Konzentrationsfähigkeit ist hier wieder stark gefragt und die Ruhe, damit das Kind seine Leistung auf einen Punkt bringen kann, gerade z. B. beim Weit- oder Hochsprung oder beim Werfen. »Ich bin ganz ruhig, ich schaffe es, ich bin ganz frisch und konzentriert.« Die Übungen des Autogenen Trainings: »Die Atmung ist ganz ruhig und gleichmäßig, ich bin ganz ruhig, das Herz schlägt ganz ruhig und gleichmäßig« sind wichtig für das Herz-Kreislauf-System. Man kann das Autogene Training dann auch in Kurzform anwenden, und es ist auch möglich, es mit geöffneten Augen durchzuführen, wenn man es nach ein paar Wochen oder Monaten konsequenter Übung perfekt beherrscht. Und Kinder, die spüren, daß es ihnen etwas bringt, üben sehr, sehr fleißig; und sie können dann die Übungen in- und auswendig. Zusatzformeln wären für den Sport: »Ich bin beim Laufen ganz ruhig, locker; ich bin ganz konzentriert, daß ich es schaffe.« Nach dem Sport ist es dann sinnvoll, das Autogene Training oder die Tiefmuskelentspannung insgesamt durchzuführen oder die sanfte

Massage oder die indirekte Entspannung. Kinder, die das Autogene Training beherrschen, begeistern mich immer wieder durch Sätze wie: »Ich kann besser Tore schießen, ich kann besser Tore halten, ich bin schneller im Laufen, ich bin sehr gut drauf im Sport« – das zeigt, wie sie durch die Entspannungsübungen für einen Einklang von Körper, Geist und Seele sorgen können.

Ängste bewältigen lernen

Heutzutage leiden – leider – immer mehr Kinder unter den unterschiedlichsten und ganz unterschiedlich ausgeprägten Ängsten, die wir als Erwachsene nicht zu leicht nehmen sollten. Da ist einmal die Angst vor dem Versagen, sei es in der Schule, beim Sport oder auch in der Freizeit. Wir Erwachsenen, Eltern und Lehrer, haben eine gewisse Erwartungshaltung gegenüber unseren Kindern, die diese aber nicht immer imstande sind zu erfüllen, sei es nun in der Schule oder in der Freizeit, im Sport. Viele Kinder bekommen richtige Angstzustände, wenn sie nur an die Schule denken müssen oder wenn eine Arbeit ansteht, wofür sie doch eigentlich so gut gelernt, aber dieses alles vergessen haben, wenn dann der Lehrer vor ihnen steht. Oder im Sport: Solange hat das Kind trainiert, z. B. im Turnen, aber wenn es dann um die Prüfung geht, versagt es kläglich. Hier ist es wirklich oft die Angst vor dem Versagen, die das Kind lähmt.

Sehr oft sind Ängste unbewußt und äußern sich nur durch Verhaltensweisen, die von Eltern und Lehrern mißgedeutet werden können. So steckt hinter manchem Draufgängertum nicht selten tiefe Angst.

Angst vor Krieg und Gewalt

Es gibt aber noch ganz andere Ängste, die bestimmt ebenso wichtig zu nehmen sind wie die Angst zu versagen. Das Kind erfährt heutzutage soviel über die Medien von Krieg, Gewalt und Elend in dieser Welt; alles Eindrücke, die es oft nicht allein verarbeiten kann. Das kann so weit führen, daß das Kind richtige Lebens- oder Existenzängste bekommt, vor allem, wenn es sich keiner Person seines Vertrauens öffnen kann. Hier kann es zu einer richtigen Depression kommen, die dann oft nur noch eine psychologische Betreuung wieder beheben kann. Auch von Scheidungen hört ein Kind. Es fürchtet, die eigenen Eltern könnten sich trennen. Vor allem, wenn es mal zu einem Streit kommt zwischen den Elternteilen, und dann vielleicht auch noch seinetwegen, kann es sich in eine solche Angst richtig hineinsteigern.

Kleine Kinder werden oft wieder zu Bettnässern, wenn sie mit ihren Ängsten nicht mehr fertigwerden.

Die Folge davon kann sein: Konzentrationsschwächen in der Schule, die immer gravierender werden können; Unlustgefühle in der Freizeit bis dahin, überhaupt nichts mehr unternehmen zu wollen, was vielleicht vorher soviel Spaß gemacht hat; massive Schlaf- und Einschlafstörungen: das Kind liegt stundenlang wach, grübelt, und wenn es einschläft, hat es oft Alpträume, die einen erholsamen Schlaf verhindern. So ist es am anderen Morgen unausgeschlafen, in der Schule müde, und so schließt sich der Kreislauf und wird zu einem immer größeren Problem.

Wie können nun hier unsere Entspannungsmöglichkeiten wirken?

Lernt ein Kind Autogenes Training und beherrscht es dann auch, wird es insgesamt stabiler und ruhiger, ausgeglichener und selbstbewußter. Es lernt, mit seinen Problemen ganz anders umzugehen. Das Problem baut sich nicht mehr vor ihm auf wie ein riesengroßer Berg des Himalaya, der niemals zu überwinden ist. Es werden aber auch keine Scheinprobleme gebildet und dem eigentlichen Problem vorgesetzt, die es als erstes zu lösen gilt, damit man nur nicht an das eigentliche Problem muß. Nein, das Kind bekommt den richtigen Abstand zu dem Problem, es sieht das Problem mit anderen Augen, und dann kann es das Problem auch lösen. Durch die Formel »Ich bin ganz ruhig, ich schaffe es; jedes Problem ist lösbar« kann es sich dann in der Weise selbst beeinflussen, daß es wirklich ruhiger wird und der ganzen Sache gelassener gegenübersteht. Und durch diese neue Stabilität findet es dann auch den Mut, mit der Mutter oder dem Vater oder sonst einer Person seines Vertrauens darüber zu sprechen, und derjenige hat dann die Möglichkeit, das Kind zu beruhigen und ihm Lösungsmöglichkeiten anzubieten.

Erwachsenen fällt es oft schwer, die Ängste ihrer Kinder anzuerkennen. Daß der Mörder nur im Film sein Unwesen treibt, ist ihnen klar. Kinder dagegen sehen nach einem gruseligen Film in jeder Ecke und sogar unter ihrem Bett Gespenster.

Zuwendung gegen die Angst

Hat ein kleineres Kind schon Probleme mit Ängsten, mit denen es nicht fertig werden kann – und das ist oft der Fall – kann man mit ihm ja noch kein Autogenes Training beginnen. Hier haben wir dann aber wieder die Möglichkeit der körperlichen Zuwendung, wie z. B. sanfte Massage, durch die das Kind auch erfahren kann: Ich bin nicht allein mit meinen Problemen, ich kann wieder Vertrauen haben. Ein Kind, das keine Zärtlichkeit erfährt, keine Streicheleinheiten bekommt – und nichts anderes ist ja auch unsere sanfte Massage –, verkümmert gefühlsmäßig. Die große, warme Hand des Erwachsenen schenkt ihm Geborgenheit, vermittelt ihm das Gefühl, ich kann Vertrauen haben, wenn auch oft unbewußt.

Vorsorge und Fürsorge

Wenn das Kind seine Einschlafstörungen oder auch die Alpträume durch das Autogene Training abends im Bett in den Griff bekommt, durchbricht es damit auch den vorher genannten Teufelskreis: wachliegen – grübeln – Alpträume – nicht ausgeschlafen in die Schule gehen.

Und wenn es dann auch noch sieht, daß sich die Eltern nach einem Streit wieder versöhnen, daß sie sich wieder in den Arm nehmen, wird es auch seine Ängste vor einer möglichen Scheidung überwinden können. Dieses sind alles vorbeugende Maßnahmen, die wir als Eltern unseren Kindern anbieten können, um die Ängste überwinden zu lernen, damit es erst gar nicht zu irgendwelchen psychischen Schäden kommt. Ist es aber schon so weit fortgeschritten, daß das Kind in beängstigendem Maße verändert ist, gleichgültig gegenüber seiner Umwelt, apathisch wirkt, wenn es also Zeichen einer solchen psychischen Störung, wie z.B. Depression, hat, sollte man auf jeden Fall den Kinderarzt zu Rate ziehen, der das Kind, wenn nötig, auch einem Kinderpsychologen überweist. Dieser kann durch Gespräche, auf einfühlsamen Wegen, die er gelernt hat, das Kind dazu bringen, über seine Probleme offen zu reden. Oft wird auch er dann dem Kind ein Entspannungstraining anbieten, wenn es soweit ist, dieses aufzunehmen und zu erlernen.

Wie können Eltern helfen?

Harmonie im Elternhaus

Konfliktsituationen, die in jeder Familie irgendwann mal auftauchen, sollten nicht auf dem Rücken der Kinder ausgetragen werden. Dies führt zweifelsfrei zu sehr starkem Streß und auch Verspannungen. Schon der Ausdruck »auf dem Rücken austragen« sagt alles aus – die Schulter-Nacken-Partie, der Trapezmuskel wird verhärtet und führt dann zwangsläufig zu den sogenannten Spannungskopfschmerzen. In der heutigen Zeit mit immer mehr gescheiterten Ehen wird das Kind auch häufig zum Spielball der Elternteile. Die Familie wird auseinandergerissen, die Geschwister müssen sich trennen, weil die Mutter unbedingt den Sohn haben will, der Vater unbedingt die Tochter oder umgekehrt. Das sind wohl die größten Streßsituationen, mit denen unsere Kinder heute konfrontiert werden.

Konflikte sollten sachlich, ruhig ausgetragen werden. Die Familie sollte miteinander Probleme besprechen und Lösungen suchen.

Vegetative Störungen als Antwort

Sie werden aus ihrem sozialen Bereich herausgerissen, müssen sich oft neue Freunde in der neuen Schule oder in ihrer Freizeit suchen. Sie vermissen den Vater oder die Mutter, fühlen sich hilflos, allein gelassen; oder sie fühlen sich als das »fünfte Rad am Wagen«, das man nicht mehr mag, was hin- und hergeschoben wird wie ein Pingpongball. Dies führt zweifelsohne auch zu einer Ausnahmesituation, zu vegetativen Störungen wie z. B.

Bauchschmerzen, Kopfschmerzen unklarer körperlicher Ursache, Angstzuständen, Schlafstörungen, und die Schulleistungen werden in der Regel auch durch diese Situation nicht besser.
Das Kind befindet sich in einem regelrechten Teufelskreis, aus dem man es befreien muß.

Autogenes Training, Tiefmuskelentspannung und sanfte Massage

Versuche, der Kinder wegen zusammenzubleiben, scheitern oft, da die Beziehung in den Grundfesten erschüttert ist; und das Kind hat auch nichts davon, wenn man zusammenbleibt und sich täglich streitet.

Durch gezielte Entspannung können wir auch hier unseren Beitrag leisten, in erster Linie durch Autogenes Training, Tiefmuskelentspannung und die sanfte Massage. Dem Kind sollte unbedingt vermittelt werden, daß es auch in dieser Situation weiter geliebt wird. Am besten wäre es natürlich, wenn die Elternteile sich untereinander verständigen würden und das Kind nicht wie ein Paket abgeholt und später wieder gebracht würde. Die Eltern sollten versuchen, daß die ganze Sache, so traurig sie auch ist, so harmonisch wie möglich für die Kinder ablaufen kann; nicht die Kinder benutzen, um den einen gegen den anderen auszuspielen. Unter dieser ständigen Disharmonie leidet ein Kind oft mehr, als wenn sich die Eltern anlügen oder anschreien.

Wie glücklich sind dann die Kinder, meistens ist es ihnen gar nicht bewußt, die in einem harmonischen Elternhaus aufwachsen dürfen, von Liebe und Sorgfalt umgeben, die oft auch ein Haustier haben als besondere Bezugsperson; und so gelassen und fröhlich bis zu dem Zeitpunkt, an dem sie aus dem Haus gehen, leben können.

Ist dies nur Utopie?
Ich denke, daß es noch viele Familien gibt, die das heute vorleben, obwohl es mit Sicherheit keine Familie gibt, wo es nicht hin und wieder mal zu Konflikten mit den Kindern kommt.

Gespräche sind wichtig

Die Familie würde nicht so leicht auseinanderbrechen, wenn wir mehr miteinander reden würden, nach der Arbeit, nach der Schule, mit den Kindern gemeinsam wieder spielen würden, Sport treiben oder gemeinsam in der Natur spazierengehen – so daß nicht jeder in seinem Zimmer hockt und sich selbst beschäftigt, jedes Kind womöglich noch mit eigenem Fernseher, CD-Player oder Computer. Jeder muß seinen Beitrag dazu leisten, die Eltern als Vorbilder und natürlich auch die Kinder, die es zu motivieren gilt, zusammen etwas zu unternehmen, z. B. auch zu musizieren oder zu spielen, was alles zu der indirekten Entspannung zählt.

Entspannte Eltern

Die entspannten Eltern – gibt es sie in der heutigen Zeit eigentlich noch? Hektik zu Hause, Hektik in der Arbeit prägen den modernen Menschen, also auch die Eltern. Je schneller, desto besser; Zeit ist Geld – einige der Schlagworte, mit denen wir täglich konfrontiert werden. Aber auch für die Eltern gilt: Nach jeder Anspannung muß man sich auch entspannen.
Wenn Eltern neben ihrer Mehrfachbelastung wie Arbeit, Haushalt, Kinderbetreuung noch fünf oder zehn verschiedenen Vereinen vorstehen oder in diesen Vereinen aktiv mitwirken, kommt es zum sogenannten Freizeitstreß, der oft größer ist als der berufliche Streß. Wenn Eltern vor mir stehen, die ihre Sprößlinge zum Entspannungstraining abgeben und schon wieder den nächsten Termin im Kopf haben, denke ich oft, daß eigentlich diese Eltern das Entspannungstraining noch viel nötiger hätten als die Kinder, die sie mir bringen.
Oft werden die Kinder dann von der Hektik angesteckt oder auch zu zu vielen Aktivitäten im Freizeitbereich

Viele Eltern vermuten in einem zusätzlichen Engagement in Vereinen oder Klubs einen Ausgleich zur Hausarbeit oder beruflichen Tätigkeit. Dabei wäre weniger oft viel mehr, vor allem für die Kinder.

angemeldet, so daß sie auch nicht mehr zu sich finden, nicht mehr entspannen können und im schlimmsten Fall mit Apathie reagieren, also zu überhaupt nichts mehr Lust haben.

Warnzeichen beachten

Die Hetze unserer Zeit schlägt sich ja auch in den verschiedensten Herz- und Kreislauferkrankungen nieder. Dem Motor seines Autos gönnt man Ruhe nach einer Belastung, er wird regelmäßig zur Inspektion gebracht; aber seinem »Motor« Herz gönnt man dieses nicht, es soll immer Höchstleistungen bringen ohne Rücksicht. Die Quittung bekommen wir mit Sicherheit. Gerade im Alter zwischen 30 und 40 Jahren erleiden viele Menschen heute ihren ersten Herzinfarkt. Wenn wir, die Eltern, ständig unter Strom stehen und Höchstleistungen bringen müssen, wollen, sollen und uns ständig unter Streß setzen und setzen lassen, müssen wir mit vegetativen

Nicht nur die Konkurrenz in der Schule macht Kindern Kopfzerbrechen. Auch der Schulweg ist ein Faktor im Kinderleben, den die meisten nicht mühelos wegstecken. Und die Hausaufgaben tragen auch nicht dazu bei, daß Kinder ohne Streß zum Spielen kommen.

Störungen, z. B. des Herz- und Kreislaufsystems, rechnen. Oder wir bekommen Erkrankungen der Bauchorgane wie Durchfall, Verstopfung, Magendruck bis hin zur Magenschleimhautentzündung oder ein Magengeschwür, Kopfschmerzen, Schlafstörungen usw. Denn nur durch eine gezielte Entspannung ist es möglich, unser Nervenkostüm zu beruhigen und zu entspannen.

Sehr oft werden erste Warnsignale unseres Körpers ignoriert, wie eben ständige Beschwerden, Schmerzen im Schulter-Nacken-Bereich mit Kopfschmerzen, die sehr oft bei allzu gestreßten Mitmenschen vorhanden sind. Bauchschmerzen, die sich darin äußern, daß manche Eltern schon bei dem Gedanken an den nächsten Tag, an die Arbeit mit Magendrücken, Durchfall oder Kopfschmerzen reagieren. Dann ist es höchste Eisenbahn, etwas konstruktiv zu ändern, z. B. Freizeitaktivitäten zu kürzen, nur dem Lieblingshobby wie z. B. Sport zu frönen. Im Arbeitsbereich sollte man auch versuchen, mögliche organisatorische Maßnahmen zu ergreifen, die dem Streß entgegenwirken. Sehr häufig setzen wir uns ja selber unter einen sehr großen Streß in der Angst, daß wir das von uns selbst gesetzte Tagesziel nicht erreichen, den Tagesplan nicht einhalten können, da die Ziele zu hoch gesteckt sind und wir dann aber mit Frust reagieren, wenn wir es nicht erreicht haben. So baut sich jedoch schon wieder neuer Streß auf.

Wenn wir ständig unter Streß stehen, diesen aber nicht abbauen, z. B. durch Sport oder aktive Entspannung wie Autogenes Training oder Tiefmuskelentspannung, die direkt auf unser vegetatives Nervensystem einwirken, treten erste Warnzeichen auf, die wir unbedingt beachten müssen.

Mit dem Willen Einfluß nehmen

Die Fähigkeit, angenehme körperliche Empfindungen wahrzunehmen, sind in dieser Situation den meisten von uns verlorengegangen. Wir achten nur auf die negativen Körpersignale, dabei müssen wir aber positive Sinne erspüren können, um eine neue Einheit von Körper und Geist erreichen zu können, denn der Mensch ist von Natur aus eine Ganzheit. Das Autogene Training kann uns

Das Autogene Training nimmt erheblichen Einfluß auf den Menschen als Ganzes: Körper, Seele und Geist finden in Harmonie zusammen.

dabei helfen, diese Ganzheit Mensch wieder in Ordnung zu bringen. Ganz wichtig für diese Einheit von Körper und Seele ist also die Ausgewogenheit, die davon ausgeht, daß nicht zuviel Überbetonung des seelischen oder des körperlichen Gewichts zur Unausgewogenheit führt. Eine Überbetonung des Seelischen kann zur Überempfindlichkeit und zu psychosomatischen Krankheiten führen. Eine Überbetonung des Körperlichen kann zu emotionalen Defekten wie Verleugnen des Gefühlsbereichs führen.
Das heißt also: Wenn ein Teilbereich der Ganzheit Mensch einseitig hervorgehoben wird, führt dies unweigerlich zu negativen Begleiterscheinungen in diesem Bereich und zu Störungen in anderen Bereichen. Mit dem Autogenen Training lernen wir die willentliche Beeinflussung des vegetativen Nervensystems.

Suggestion und Gefühl

Die Impulse zu Anregungen und Anspannung bzw. zur Verlangsamung und Entspannung werden über das vegetative Nervensystem geleitet.
Zu den derart beeinflußbaren Organen zählen

- Augen
- Herz
- Lunge
- Magen
- Speicheldrüse
- Leber
- Nieren
- Darm
- Blase
- Geschlechtsorgane
- Blutbahnen

Da das Nervensystem Teil des Ganzen ist, sendet es nicht aus eigenem Antrieb Impulse, sondern steht mit anderen Steuerungszentren im Gehirn in Verbindung, hauptsäch-

lich mit dem Hypothalamus, einem Teil des Zwischenhirns, und der Medulla Oblongata = Verlängertes Rückenmark.
Über das Gehirn steht also das vegetative Nervensystem mit allen anderen Steuerungsmechanismen des Organismus in Verbindung und ist also auch über Gefühle und Suggestion erreichbar.
Das vegetative Nervensystem besteht aus zwei antagonistisch, d.h. entgegengesetzt wirksamen Anteilen, und zwar aus dem sympathischen und dem parasympathischen Nervensystem. Der Parasympathikus wird auch Vagusnerv genannt.

Organfunktion	Sympathikus		Parasympathikus (Vagus)	
	Wirkung		Wirkung	
Blutdruck:	Erhöhung	~1~	Senkung	~2~
Herzfrequenz:	beschleunigt	~1~	Verlangsamung	~2~
Atemfrequenz:	beschleunigt	~1~	Verflachung	~2~
Blutzucker:	Vermehrung	~1~	Verminderung	~2~
Darmtätigkeit:	Hemmung	~1~	Anregung	~2~
Harndrang:	Hemmung	~1~	Anregung	~2~

Wofür brauchen wir das vegetative Nervensystem? Wie funktioniert es?

Über den Vagus werden vor allem hemmende und entspannende Impulse gesendet, über den Sympathikus anregende und anspannende Impulse.
Dies trifft für alle Organfunktionen zu, nur für die Magen-, Darm- und Blasentätigkeit funktioniert es in umgekehrter Weise.

Kampf oder Flucht

Die einzige Erklärung für die umgekehrte Funktionsweise der Magen-, Darm- und Harntätigkeit ergibt sich aus der geschichtlichen Betrachtung des Frühzeitmenschen, der auf die Jagd ging und auf Kampf oder Flucht eingestellt war. Für diese Tätigkeit war ein hoher Energiebedarf notwendig, der Herz- und Atemfrequenz ansteigen ließ und die Magen-, Darm- und Blasentätigkeit auf ein Minimum herabsetzte.

Wer keine körperliche Tätigkeit ausführt, sondern seinen Ärger hinter dem Schreibtisch hinunterwürgt, findet kaum eine Möglichkeit zur Abreaktion.

Diese Veränderungen finden beim Neuzeitmenschen z.B. bei Wut, Ärger, Ehrgeiz und Streßsituationen statt. Wenn wir heutzutage nach der Frühzeitmenschmethode des Jägers und Sammlers arbeiten könnten (Flucht oder Kampf), würden uns viele Krankheiten an Magen, Darm, Herz usw. erspart bleiben. Wir können aber die in uns vorgehenden Körperfunktionen bei Streß und dergleichen nicht durch körperliche Anstrengung abreagieren; die Blutdruckerhöhung, die beschleunigte Herz- und Atemfrequenz sind eigentlich sinnlos für den Körper und schaden ihm nur, wenn sie nicht abgebaut werden. Wir müssen uns den Problemen stellen, sind an unseren Schreibtisch gebunden und können nicht fliehen vor dem Streß oder mit der Keule zum Kampf schreiten wie der Neandertaler. Wir können uns aber dieser Problematik stellen, wenn wir den Streß durch das Autogene Training in den Griff bekommen.

Die Hilfe, aus verspannten Eltern entspannte Eltern zu machen

Mit Hilfe »formelhafter Vorsatzbildungen«, die Selbstbeeinflussungsformeln genannt werden, können wir lernen, über die Bahnen Sympathikus und Parasympathikus gezielt und willentlich Entspannungsimpulse zu senden. Mit dieser Entspannungsmethode wurden schon um

1930 erfolgreich viele Ziele erreicht, hier einige davon:
- Erholung/Selbstruhigstellung
- Selbstregulierung
- Leistungssteigerung z. B. des Gedächtnisses
- Schmerzabstellung und Schmerzlinderung
- Selbstbestimmung
- Selbstkritik und Selbstkontrolle durch Innenschau in der Versenkung.

In den neunziger Jahren kamen immer mehr Ziele dazu:
- Ängste jeder Art abbauen
- Leistungssteigerung im Sport oder Extremsport (Bergsteigen, Segeln über den Atlantik)
- Viele Krankheitsbilder lindern
- Anwendung im Klinikbereich nach Herzinfarkt und auch bei anderen Erkrankungen
- Zur Prophylaxe (= es erst gar nicht zu negativen Faktoren kommen lassen)
- Den Freizeitstreß reduzieren – entspannt und ausgeruht der Arbeitswelt begegnen.

Täglich Autogenes Training

Jeder, der Zeit und Trainingswillen mitbringt, kann Autogenes Training lernen. Man muß es aber täglich üben, um damit Erfolge zu haben. Sehr gut ist es, wenn man abwechselnd im Sitzen und Liegen trainiert. Von der ersten Stunde an ist die Erwartung meistens groß, sofort und gleich alles zu spüren und zu entspannen. Alle Gedanken, die stören, sollen weg sein. Leistungsdruck ist aber das Letzte, was wir gebrauchen können.
Diese Entspannung läßt sich nicht mit Gewalt hervorrufen, das werden die Schäfchenzähler unter Ihnen, die schlecht einschlafen können, sicher bestätigen; je mehr sie zählen, um so wacher werden sie. Aber mit der nötigen Gelassenheit und dem Willen, z.B. jeden Tag zu trainieren, ist es möglich, nach ein paar Wochen schon Reaktionen und positive Ergebnisse an sich selber zu spüren.

Interessanterweise merken zuerst die Arbeitskollegen und andere Familienmitglieder diese Veränderung, daß man nicht mehr wegen jeder Kleinigkeit in die Luft geht, sondern ruhig und gelassen bleibt.

Gelassenheit ist keine Gleichgültigkeit – das ist einer der wichtigsten und wirksamsten Merksätze in diesem Bereich. Autogenes Training kann man in jedem Alter lernen, die älteste Teilnehmerin bei mir war 93 Jahre alt.

Wege zur Gelassenheit

Für die Erwachsenen gilt, genauso wie für die Kinder, daß die Position zum Üben sehr wichtig ist und daß man das Autogene Training im Sitzen und Liegen erlernt und übt. So kann man es überall durchführen und braucht nicht immer ein Bett oder eine Liege dazu.

Wichtig ist, daß keine psychischen Erkrankungen vorliegen oder das Gehirn durch Verletzungen geschädigt ist und daß man nicht unter stark dämpfenden Medikamenten steht. Wenn man täglich Schmerzmittel einnimmt, kann das Autogene Training nicht optimal wirken. Besser ist es, bei Schmerzzuständen erst das Autogene Training auszuprobieren, ob es hilft, und dann erst wenig Schmerzmittel einzunehmen, wenn das Training nicht geholfen haben sollte. Untersuchungen neuerer Art haben ergeben, daß zwischen 30 % und 60 % der Bevölkerung unter psychovegetativen oder nervösen Störungen größeren Ausmaßes leidet. Also sollten nicht nur die Kinder Entspannung lernen, sondern auch die Erwachsenen und vor allem die Eltern, damit sie ihren Kindern auch die Entspannung vorleben können und sie so unterstützen. Zweifelsfrei ist das Autogene Training im Liegen oft entspannter und einfacher durchzuführen, auch wenn man dann eher die Tendenz dazu hat, einzuschlafen. Aber wenn man Zeit und Muße hat und vielleicht sogar mithilfe des Autogenen Trainings einschlafen möchte, ist das natürlich sehr gut im Liegen durchzuführen.

In welcher Position entspannt es sich am besten?

In beiden Positionen empfiehlt es sich, am Anfang die Augen zu schließen. Die richtige Position zum Üben ist für den Anfänger Voraussetzung, das Autogene Training richtig erlernen zu können. Wenn man es perfekt beherrscht, ist es nicht mehr nötig, bestimmte Positionen einzunehmen; dann funktioniert es überall, auch wenn die Entspannungsempfindungen immer intensiver im Sitzen oder Liegen sind als im Stehen oder Gehen. Die Übungsgestaltung im Sitzen oder Liegen gewährleistet eine optimale muskuläre und kreislaufmäßige Entspannung. Es hat sich aus meiner Sicht bewährt, mit den Teilnehmern am Anfang der Stunde im Sitzen und am Ende im Liegen zu üben, so werden beide Positionen zur Anwendung gebracht. Das geht jedoch nur bei kleinerer Teilnehmerzahl und den vorhandenen Räumlichkeiten.

Am besten ist es, Sie erproben die Positionen Sitzen und Liegen an sich aus, Sie werden bestimmt Ihre Lieblingspositionen herausfinden, aber vernachlässigen Sie die andere bitte nicht.

Position Sitzen:

- Setzen Sie sich auf einen Stuhl oder in einen Sessel mit dem Gesäß weit nach hinten, so daß auch der ganze Rücken mit der Rückenlehne Kontakt hat.
- Lassen Sie den Kopf leicht nach vorne sinken.
- Ihre Oberschenkel sind leicht gespreizt, so daß zwei Fäuste dazwischen Platz haben.
- Ihre Beine stehen senkrecht nebeneinander oder sind leicht ausgestreckt.
- Ihre Hände liegen locker auf Ihren Oberschenkeln, ohne sich zu berühren.
- Sorgen Sie dafür, daß Sie in bequemer Kleidung üben, damit Sie sich so richtig pudelwohl fühlen.

Position Liegen:

- Legen Sie sich in Rückenlage auf eine Matte, in Ihr Bett oder dahin, wo Sie es als angenehm empfinden.
- Ein Kissen unter dem Kopf ist meistens sinnvoll.
- Unter die Knie kann man zur besseren Entspannung eine Rolle oder ein Kissen legen.
- Die Beine liegen locker ausgestreckt nebeneinander, die Hände liegen seitlich daneben oder auf den Oberschenkeln; dabei sollten sie sich aber nicht berühren.

Sie sollten täglich ca. zehn Minuten Zeit investieren; wer diese zehn Minuten nicht aufbringen kann, ist absolut ungeeignet für Autogenes Training, so hart das auch klingen mag. Diese zehn Minuten dienen einzig und allein Ihrer Gesundheit.

Wenn das Gesäß weit genug nach hinten geschoben wird, bekommt der Rücken mit der Stuhllehne Kontakt. Die beiden Fäuste ruhen zwischen den Oberschenkeln. Der Kopf neigt sich leicht nach vorn. Wenn jetzt noch die Kleidung bequem ist, haben Sie eine ideale Position zum Üben im Sitzen.

Am besten werden Ihnen die Übungen in der Gruppe gelingen beim gemeinsamen Trainieren. Das Gemeinschaftsgefühl und das Bewußtsein, sich um das gleiche Ziel zu bemühen, ist für Ihren Trainingsfortschritt besonders günstig. Aber genauso ist es natürlich zu Hause zu sehen, wenn Sie, also die Eltern, sich gemeinsam entspannen.

Am Ende aktivieren Sie Ihre Muskeln wieder:
- Die Hände zu Fäusten ballen.
- Die Arme ruckartig in Richtung Brustkorb ziehen.
- Die Arme strecken.
- Tief ein- und ausatmen und die Augen wieder öffnen.

Dieses Zurücknehmen darf keinesfalls vergessen oder vernachlässigt werden. Es hat zunächst einen erfrischenden Effekt, unangenehme Symptome wie Kribbeln oder Ziehen in den Armen treten so erst gar nicht auf. Ferner kommt auch erst gar nicht dieses Gefühl zustande, wie eine Schlaftablette durch die Wohnung zu gehen, über das mir immer wieder Kursteilnehmer berichten, die das Zurücknehmen vergaßen.

Schlafen Sie während der Übung ein, so brauchen sie nachts keine Gewissensbisse zu haben; Sie haben automatisch zurückgenommen und brauchen nicht, wenn Sie vielleicht um 3 oder 4 Uhr nachts aufwachen, hektisch die Rücknahme üben. Werden Sie während der Übung akustisch gestört, z. B. Telefon oder Hausklingel, findet durch den Schreck eine automatische Rücknahme statt.

Tips zur Durchführung des Autogenen Trainings

1. Suchen Sie sich ein ruhiges, ungestörtes Plätzchen, vor allem am Anfang.
2. Sagen Sie den Familienangehörigen, daß Sie üben, oder üben Sie gemeinsam.
3. Ein voller Bauch trainiert nicht gern! Also nicht unmittelbar nach dem Essen trainieren; auch Kaffee, kurz vorher getrunken, kann die Konzentrationsfähigkeit beeinträchtigen.
4. Immer abwechselnd im Sitzen oder Liegen üben.
5. Während der Mittagspause anstatt eine Zigarette zu rauchen, wie die Kollegen, besser üben. Ihre Kollegen werden sich daran gewöhnen; oder gehen Sie im Extremfall auf die Toilette, dort ist es sicher ruhig.
6. Bei langer Autofahrt auf den Rastplatz fahren, Gymnastik und Autogenes Training üben, Sie werden frisch und munter weiterfahren können.
7. Nach Alkoholaufnahme üben Sie bitte nicht, Sie sind dann eh gut entspannt.

Das komplette Trainingsprogramm

Welches Bild für Sie wirklich Ruhe ausstrahlt, können nur Sie selbst beurteilen. Wenn Sie ungezwungen suchen, treffen Sie unvermittelt auf das Bild Ihrer Wahl.

Das ruhegetönte Bild

Das ruhegetönte Bild ist eine gute Einstiegshilfe für Anfänger. Schließen Sie bitte die Augen und lassen Sie der Phantasie freien Lauf, ein ruhegetöntes Bild entstehen zu lassen, z. B. eine schöne Blume, Berge, ein See usw. Was für den einen schön ist und ihm Ruhe vermittelt, muß nicht so für den anderen sein. Ausgefallene Beispiele hierzu waren ein Klavier oder ein Kieselstein als Bildvorstellung.
Sie sehen also anhand dieser zwei Beispiele, wie unterschiedlich dieses ruhegetönte Bild von verschiedenen Menschen zur Einstiegshilfe ins Autogene Training entwickelt wird.

Die individuelle Bildvorstellung

Entwickeln Sie also am besten Ihr Standardbild und stellen Sie es sich jedes Mal vor den Übungen vor, und zwar intensiv. Es wird Ihnen helfen, sich von Alltagsproblemen, die noch in Ihrem Gehirn hin- und herschießen und Sie gefangennehmen, zu befreien, und Sie öffnen sich für das Autogene Training.
Wechseln Sie auch nicht die Bilder wie Ihre Hemden, sondern bleiben Sie bei einem Bild.

Übungen (mit geschlossenen Augen)

- Sich das ruhegetönte Bild vorstellen.
- Ich bin ganz ruhig – sechsmal denken oder vorsagen.

- Die Schwereübung – Voraussetzung ist, daß Sie sich völlig entspannt hinsetzen oder hinlegen.

Die Entspannung ist nicht durch einen Befehl von Ihnen zu erreichen. Die Übungsformel lautet dann für Sie:
- Der rechte Arm ist ganz schwer – ca. sechsmal denken oder sich vorsagen. Sind Sie aber Linkshänder, werden Sie den linken Arm wählen, weil Sie zu ihm ein besseres Verhältnis haben, und sich also suggerieren: Der linke Arm ist ganz schwer.
- Denken Sie an eine bildhafte Unterstützung: Am rechten bzw. linken Arm hängt ein schwerer Eimer, oder Sie tragen eine schwere Tasche; dieses hat schon so manchem genutzt.

Als Einstieg in das Trainingsprogramm sollten Sie sich immer vor Ihrem inneren Auge Ihr ruhegetöntes Bild wachrufen. Das läßt Sie besser abschalten und macht Sie empfänglicher für die kommenden Übungen.

Warum soll ich nicht mit beiden Armen gleichzeitig üben?

Für einen Anfänger ist die gedankliche Fixierung auf zwei Körperteile noch schwer, deshalb wird zu Beginn des Trainings nur der rechte bzw. linke Arm gewählt. Die Messung der Muskelentspannung – wir sprechen hier von der Skelettmuskulatur – ist, abgesehen von Ihrer eigenen Empfindung, nur mit Aufzeichnung eines EMGs (Elektromyogramm = Muskelschriftbild) möglich. Je flacher das Bild der Kurve ist, um so entspannter ist die gemessene Muskelpartie. Vielleicht merken Sie auch schon zu Anfang, daß Ihr rechter oder linker Arm nach unten zieht.

Die Wärmeübung

Im allgemeinen wird man nach zwei Wochen mit der Wärmeübung beginnen. Die Körperwärme ist ein Hinweis auf körperliche Lebendigkeit. Auch für die Seele gebrauchen wir den Begriff Wärme, um seelische Leben-

Wärme und Wohlbefinden hängen eng zusammen. Innere und äußere Kälte bringen den Menschen aus seinem gesunden Gleichgewicht.

digkeit zu beschreiben. z. B.: »Ich kann mit jenem kühlen Menschen nicht warm werden« oder »Dieser Mensch ist warmherzig«. Einen gefühllosen Menschen bezeichnen wir als kalt oder eiskalt; oder »Beim Anblick der Frau Sowieso läuft mir ein kalter Schauer über den Rücken«.
Was Sie nun lernen sollen, ist, bei sich ein wohlig strömendes Wärmegefühl hervorzurufen, und das genau in Ihrem rechten (oder linken) Arm. Die Übungsformel lautet dann für Sie: Der rechte Arm ist ganz warm – ca. sechsmal denken oder sich vorsagen (wenn Sie Ihre Stimme ertragen können).

Die Wärmeübung funktioniert folgendermaßen:

- Die Blutgefäße entspannen sich, und damit geht ein Wärmegefühl einher.
- Die verengten Blutgefäße werden erweitert, dadurch ist ein größerer Blutfluß möglich, der mit einer besseren Durchblutung des Armes endet.
- Am intensivsten werden Sie es in den Fingern merken, wo die kleinen Arterien oder die sogenannten Kapillaren enden. Diese Gefäße sind am leichtesten zu verengen oder zu erweitern.
- Durch äußere oder innere Einflüsse können wir diese Veränderung bewirken. Manche Teilnehmer beschreiben, daß sich Ihre Hände so groß wie Bratpfannen anfühlen und der rechte Arm dicker wird, es in den Fingern klopft und kribbelt.
- Die Hauttemperatur steigt an, und ein angenehmes Wärmegefühl entsteht.

Wie wirkt die Wärmeübung?

Der arterielle Blutdruck wird z. B. bei Wut, Schreck oder Angst erhöht, indem sich die Arterien verengen auf solche anspannenden Signale. Dieses geschieht oft, bevor eine schnellere Atem- oder Herzfrequenz vorhanden ist.

Ein ruhegetöntes Bild wird vom Betrachter als wohltuend empfunden. Die Ruhe überträgt sich und hilft, Körper und Seele in Einklang zu bringen.

Sobald körperliche Aktivität einsetzt, wird die Verengung der Gefäße aufgehoben, das Herz schlägt schneller und stellt eine der Leistung entsprechende Blutmenge dem Gefäßsystem zur Verfügung. Bleibt der Betreffende aber körperlich inaktiv, besteht die Anspannung fort, der Blutdruck steigt weiter. Wenn dies öfter passiert bei Menschen, die sich über alles und nichts ärgern und wütend sind z. B. darüber, ob eine Fliege im Raum links- oder rechtsherum fliegt, wird sich so auf Dauer ein Bluthochdruck einstellen. Ein Faktor mehr zum Herzinfarkt.

Den Blutdruck senken

Abbauen können Sie den dadurch entstehenden erhöhten Blutdruck durch die Gefäßentspannung, sprich: den gezielten Einsatz der Wärmeübung.
Bildhafte Unterstützung bei der Wärmeübung kann sein: Die Sonne scheint auf den Arm, der Arm liegt in einem warmen Armbad, oder Sie liegen in der Badewanne in angenehm warmer Wassertemperatur...

Im Winter können Sie bei perfekter Anwendungstechnik auf die Handschuhe verzichten. Sie können die Raumtemperatur senken und damit einen aktiven Beitrag für den Umweltschutz und Ihren Geldbeutel leisten.

Ideal für Bergsportler

Bei verschiedenen Himalayaexpeditionen habe ich diese Wärmeübung sehr gut einsetzen können, über Stunden hinweg war mir auch bei Temperaturen zwischen -20 und -25°C immer warm, und auch nachts im Zelt konnte ein Wohlbefinden durch das Autogene Training erreicht werden.

Auch Reinhold Messner hat in seinem Buch »Berge versetzen – das Credo eines Einzelgängers« intensiv über das Autogene Training geschrieben und seine Erfahrungen damit niedergelegt.

Die Atemübung

Bei stark verspannten Menschen ist die Atmung unregelmäßig oder zu schnell, also der Aktivität überhaupt nicht angepaßt.

Mit der Atemübung ist nicht gemeint, daß bewußt die Atmung beeinflußt wird, im Gegenteil: Die Atmung soll sich selbst entwickeln, wir lassen atmen. Im Schlaf funktioniert das ja auch ganz gut, da brauchen wir auch nicht aufzupassen, ob wir richtig atmen; wir tun es einfach.

Vom Atem auf die Gefühlslage schließen

Die Atmung hängt wie alle Organfunktionen auch von der jeweiligen Gemütslage ab. Jeder kennt die Redensarten »vor Aufregung stockt einem der Atem«, »nach Luft ringen« usw.
Kopfdruck, Schwindel und Schweißausbrüche sind die Folgen einer möglichen Überatmung.

Eine verstärkte Atemtätigkeit ist nur bei entsprechender körperlicher Belastung sinnvoll (z. B. Sport, schwere Arbeit, Treppensteigen usw.). Absolut sinnlos und für den Organismus gefährlich ist heftiges Atmen ohne Abbau der Energie bei körperlicher Arbeit. Durch die gezielte Atemübung im Autogenen Training kann diesem Prozeß sinnvoll entgegengewirkt werden.
Die Übungsformel lautet dann für Sie:

- Die Atmung ist ganz ruhig und gleichmäßig, es atmet mich! – sechsmal üben.

Die Herzübung

Zwischen Herz und Atmung besteht ein eigener Funktionszusammenhang; z. B. bei entsprechend hoher Atemfrequenz schlägt Ihr Herz schneller oder bei entsprechend niedriger Atemfrequenz schlägt das Herz langsamer.

Wie fein das Herz auf Empfindungen reagiert, mögen Ihnen die folgenden Beispiele von häufig gebrauchten Redewendungen zeigen:

- Das Herz schlägt einem bis zum Hals;
- Mein Herz blieb stehen vor Schreck;
- Das traf ihn mitten ins Herz;
- Seinem Herzen Luft machen;
- Bei Ihnen schlägt mir das Herz höher;
- Sein Herz hingeben – oder auch – verhärten usw.

Wir benutzen Worte wie herzlich, Herzilein, sich etwas zu Herzen nehmen, jemanden von Herzen gern haben. Sie sehen, alles positive Worte.
Aber es werden auch negative Redewendungen geprägt, ein kleiner Ausschnitt soll dies belegen:

- Das geht an die Pumpe.
- Das greift mir ans Herz.

Herzinfarkt und Herztod sind neue negative Wortverbindungen mit Herz.

Es gibt natürlich auch Störungen, die als Folge schwerer organischer Veränderungen im Herzen auftreten, nachweisbar im EKG (Elektrokardiogramm). Diese organisch bedingten Veränderungen müssen unter genauer diagnostischer Kontrolle im Krankenhaus oder in der Arztpraxis therapiert werden.

In den Industrieländern werden Herzkrankheiten als Zoll für ein möglichst komfortables Leben ganz selbstverständlich hingenommen.

Herzrhythmusstörungen

Die Hauptschuld, wenn man das so sagen kann, an Herzfunktionsstörungen trägt wohl die penetrante Hetze, der wir oft unterliegen, die sowohl im Streß des Arbeitsalltags wie auch bei maximaler Freizeitstreßunterwerfung vorkommt. Sozusagen jede Minute ist verplant; und wehe, es kommt was dazwischen, dann bricht das »Streßkartenhaus« zusammen. Herzrhythmusstörungen können aber auch ein Hinweis auf geänderte Lebensgewohnheiten sein, dazu einige Beispiele:

- Im Urlaub von einer Klimazone in die andere reisen
- Essensgewohnheiten werden plötzlich umgestellt
- Berufliche und private Probleme
- Schichtarbeit wird durchgeführt.

Entdecken Sie Ihr Herz

Aus den vorangegangenen Erklärungen über die emotionalen und organischen Zusammenhänge wissen wir, daß bei ständigem Streß der Blutdruck steigt, die Atemfrequenz sich erhöht und zwangsläufig der Puls beschleunigt wird.
Durch eine Inaktivität bedingt, können Bausteine zum Herzinfarkt gelegt werden, wenn keine Abbaumöglichkeiten durch körperliche Aktivität angeboten werden.
Die Übungsformel lautet dann für Sie:

- Das Herz schlägt ganz ruhig und gleichmäßig – sechsmal üben.

Prüfen Sie vor und nach der Herzübung, ob sich der Puls verlangsamt oder beschleunigt hat. Wenn Sie sich vorher angestrengt haben, z. B. Gymnastik betrieben haben oder Treppen gestiegen sind, werden Sie eher einen Unterschied merken, als wenn Sie ruhig und gelassen die Herzübung angehen. Entdecken Sie so Ihr Herz, und behandeln Sie es sorgfältig, denn Sie haben ja nur eins.

Die Leib- oder Sonnengeflechtsübung

Im Altertum wurde der »Sitz der Seele« in der Magengegend angenommen. Mit an Sicherheit grenzender Wahrscheinlichkeit war das Nervengeflecht gemeint, das im Lateinischen »Plexus solarius« und im Deutschen »Sonnengeflecht« genannt wird.

Aus der Sportszene kennen die Boxer diese Stelle am besten. Ein Schlag in diese Gegend oder auf diesen Punkt führt dazu, daß derjenige, der dort getroffen wurde, zu Boden geht. Auch im täglichen Leben kann es passieren, daß man mit diesem Punkt konfrontiert wird, z. B. beim Kehren mit einem Besen, wobei der Stiel durch eine Unachtsamkeit wie Stolpern mit diesem Punkt kollidiert.

So ertasten Sie das Sonnengeflecht

Um das Sonnengeflecht autosuggestiv beeinflussen zu können, sollten Sie jetzt an sich die Vorstellung gewinnen, wo genau das Zentrum des Geflechts liegt. Zu diesem Zweck setzen Sie sich auf einen Stuhl mit Rückenlehne, strecken den Bauch leicht heraus.

- Nehmen Sie die rechte Hand und suchen Sie mit dem kleinen Finger rechts den Bauchnabel auf. Mit dem rechten Daumen ertasten Sie gleichzeitig das untere Ende des Sternums (Brustbein).
- Mit dem rechten Zeigefinger suchen Sie nun zwischen diesen beiden Punkten den dritten und entscheidenden, der auf halber Strecke zwischen den ersten beiden liegt.
- Wenn Sie nun diesen Punkt mit Ihrem Finger lokalisiert haben, drücken Sie ihn leicht in Richtung Bauch hinein. Wird er sich als unangenehm gegenüber dem

Kleinere Kinder, die ihr Unwohlsein noch schlecht lokalisieren können, geben stets ihren Bauch als schmerzende Stelle an. Wobei Bauch die große Strecke zwischen Kinn und Knie ist. Mag sein, daß sie ganz unbewußt damit auf ihr Sonnengeflecht hinweisen

anderen Gewebe des Bauchs hervorheben, dann haben Sie das Sonnengeflecht gut ertastet.

- Bei den Übungen konzentrieren Sie sich auf diesen Punkt, den Sie sich verlängert in das Bauchinnere vorstellen können.

Das Sonnengeflecht ist das größte Nervengeflecht des vegetativen Nervensystems, es innerviert strahlenförmig wie die Strahlen der Sonne folgende Organe: Magen, Zwölffingerdarm, Dünndarm, Dickdarm, Leber, Galle, Bauchspeicheldrüse, Milz, Nieren und die Geschlechtsorgane.

Da also alle diese Organe mit dem Sonnengeflecht verbunden sind, können somit mit dieser einen Übung die Bauchorgane automatisch suggestiv beeinflußt werden, also alle Organe über diese Schaltzentrale erreicht wer-

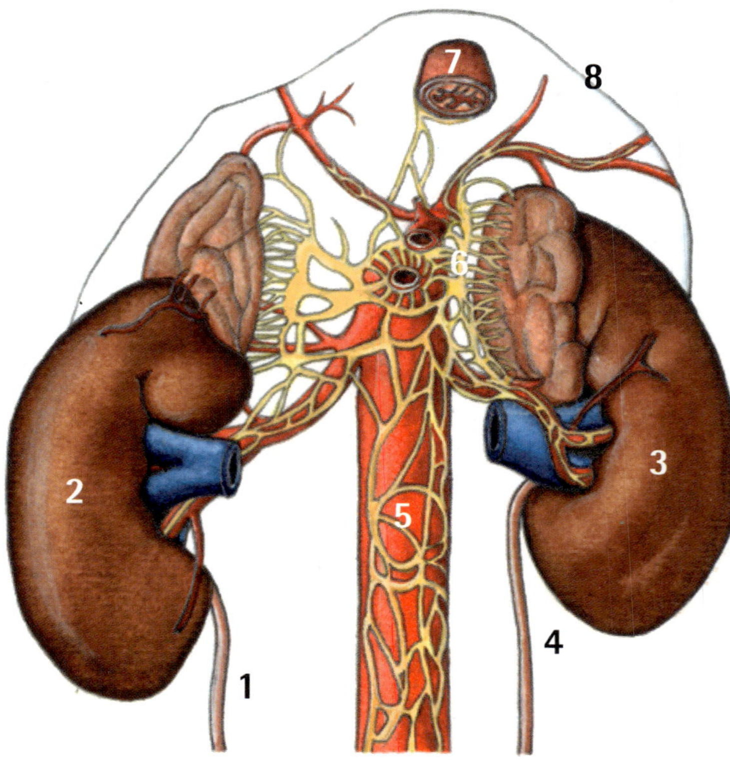

Die nebenstehende Grafik verdeutlicht die genaue Lage des Sonnengeflechts:
1 rechter Harnleiter
2 rechte Niere
3 linke Niere
4 linker Harnleiter
5 Aorta (Hauptschlagader)
6 Sonnengeflecht
7 Speiseröhre
8 Zwerchfell

den. Auf der Grafik sind das Sonnengeflecht und seine Funktionsorgane deutlich zu sehen. Der Magen über bzw. vor dem Sonnengeflecht sowie der Darm fehlen, um das Nervenzentrum sichtbar zu machen.
Die Übungsformel lautet dann für Sie:

- Das Sonnengeflecht ist ganz ruhig und strömend warm – sechsmal üben.

Diese Übung des Sonnengeflechts ist eine der idealsten Schwangerschaftsvorbereitungsübungen; einige Kliniken in Deutschland setzen dieses Entspannungsverfahren auch im Kreißsaal ein.
Natürlich ist eine Zeit von einigen Monaten vorher notwendig, um dieses Verfahren zu lernen und dann gezielt im Kreißsaal einzusetzen.

Übung macht den Meister

Um die Autosuggestion der strömenden Wärme bildhaft zu unterstützen, können Sie sich auch eine Wärmflasche vorstellen, die auf Ihrem Bauch liegt und die Wärme wohltuend an Ihren Bauch abgibt, oder die Sonnenstrahlen, die Sie auf der Haut empfinden, wenn Sie sich im Bikini oder in der Badehose auf dem Rücken liegend wohlig im Sand räkeln.

Ich habe festgestellt, daß für die meisten Kursteilnehmer die Sonnengeflechtsübung die schwierigste Übung ist und es am längsten dauert, bis sich ein Erfolg einstellt. Eine durchschnittliche Erlerndauer von ca. vier Wochen ist wohl als realistisch anzusehen. Ein Gluckern im Bauch oder eine kleine wohlige Wärmeempfindung im Bauch sind erste Anzeichen einer Wirkung. Nur ein ausdauerndes Üben kann Sie hier zum Erfolg führen; nur nicht aufgeben, da Ihnen dann die wohl angenehmste und intensivste Wärme- und Entspannungsübung verwehrt bleibt. Zirkuläre Wärme um den Bauch und Rücken empfinden Teilnehmer, die länger üben.

Gerade weil das Sonnengeflecht das größte Nervengeflecht unseres vegetativen Nervensystems ist, braucht es etwas mehr und längere Übung, bis eine positive Einwirkung gelingt.

Der Anwendungsbereich der Sonnengeflechtsübung ist sehr vielfältig:
- Bei Magen-Darm-Störungen wie Durchfall und Verstopfung
- Bei Magenschleimhautentzündung
- Während der Schwangerschaft
- Beim Geburtsvorgang
- Bei Gallen- und Nierenbeschwerden
- Bei Menstruationsbeschwerden.

Die Schulter-Nacken-Feldübung

Was sitzt einem nicht alles täglich im Nacken? Wieviel nimmt man nicht täglich noch zusätzlich auf die Schultern? Kein Wunder also, wenn Schultern und Nacken verspannt sind.

Viele Verspannungen und die damit verbundenen Kopfschmerzen kommen aus dem Schulter-Nacken-Feld. Nehmen Sie die rechte Hand, ertasten, berühren und massieren Sie den Nacken und die Schulter, so können Sie sich besser auf die Übung konzentrieren. Die Verspannungen im Schulter-Nacken-Bereich könnten aber auch durch ungünstige Arbeitshaltung (z. B. beim Schreibmaschinenschreiben, Autofahren, Stricken) oder bei Dauerstreß entstehen. Wirbelsäulenschäden chronischer Art oder erworben, z. B. durch einen Unfall, bei dem der Halswirbelsäulenbereich betroffen war, tun ihr Bestes, um Verspannungen und Schmerzen zu fördern. Wenn Sie aber gelernt haben, sich gezielt zu entspannen, haben Sie auf jeden Fall die besseren Karten. Wenn Sie die Schwere- und Wärmeübung im rechten oder linken Arm nachvollziehen können, ist die Schulter-Nacken-Feldübung leicht für Sie zu realisieren. Lassen Sie wieder Ihrer Phantasie freien Lauf, denken Sie: Die Sonne scheint mir auf den Nacken; ein warmer, angenehmer Duschstrahl strömt über den Nacken, oder eine zärtliche Hand knetet Ihren Schulter-Nacken-Bereich.
Die Übungsformel lautet dann für Sie:
- Der Schulter-Nacken-Bereich ist ganz ruhig, schwer und strömend warm – sechsmal üben.

Die Stirnkühleübung

Nach den Wärmeübungen folgt nun eine Erfrischungsübung, die Stirnkühleübung, die Sie individuell einsetzen können, wenn Sie sich erfrischen wollen, vornehmlich mittags und nachmittags. Ich wende sie auch bei langen Fahrten mit dem Auto an, um mich besser konzentrieren zu können. Natürlich mit offenen Augen!
Möchten Sie abends mit Autogenem Training einschlafen, dann lassen Sie bitte die Stirnkühleübung weg.
Doch warum überhaupt eine Kühleübung, werden Sie fragen. Wenn ich Sie frage, was ist Ihnen lieber: ein warmer oder ein kühler Kopf, werden Sie sich bestimmt für den kühlen Kopf entscheiden.
Sie kennen die Redewendung »einen kühlen Kopf bewahren«. Legen Sie bitte Wert auf kühl, denn die Stirn soll angenehm kühl werden. Bei Kopfschmerzen ist diese Übung oft eine nicht zu unterschätzende Hilfe.

Wer wünscht sich nicht einen kühlen Kopf? Die Stirnkühleübung kann helfen, den berühmten kühlen Kopf zu bewahren.

Mit bildhafter Unterstützung geht es weiter

- In jedem Raum findet eine zirkulierende Luftbewegung statt, die Sie sich zunutze machen können. Sie brauchen sich nur vorzustellen, diese Luft streicht über Ihre Stirn. Nach einigem Üben werden Sie tatsächlich die Raumluft spüren.
- Oder: Sie sitzen auf einer Bank, und ein angenehm kühler Wind streicht über Ihre Stirn und Ihre Schläfen.
- Oder: Sie liegen in der Badewanne, deren Wasser angenehm temperiert ist, total entspannt, nur der Kopf schaut aus dem Wasser und ist angenehm kühl.
- Sie können auch Kölnisch Wasser oder ein anderes »Städtewasser« nehmen, ein Eiswürfel tut es auch, den Sie kurz über die Stirn huschen lassen; die Verdunstungskühle ist dann auch sehr erfrischend. Aber das bitte nur, wenn gar keine Phantasie mehr vorhanden ist.

Wenn ich mit Kindern Autogenes Training übe, mache ich es nicht so kompliziert, sondern ich sage einfach: »Nehmt euren Zeigefinger in den Mund, leckt mit der Zunge darüber, streicht mit dem Zeigefinger über die Stirn.« Und der Speichel auf der Stirn erzeugt die gleiche Verdunstungskühle wie ein gewisses Wässerchen.
Wenn Sie jetzt gerade niemand beobachtet, probieren Sie es doch einfach aus!
Die Übungsformel lautet dann für Sie:

- Die Stirn ist angenehm kühl – sechsmal üben.

Die Kühleübung zur Linderung von Beschwerden

In Alltagssituationen ist die Kühleübung sehr hilfreich, wenn Ihnen das Blut in den Kopf schießt, wenn Sie erröten; oder wenn Sie zum Gericht, Finanzamt oder Zahnarzt müssen, können Sie einen kühlen Kopf gut gebrauchen. Auch bei hartnäckigen Kopfschmerzen können Sie hier Besserung erzielen.

Bei Schmerzen im Mund-, Zahn- oder Kieferbereich sowie im Halsbereich nach Zahnextraktionen oder Mandeloperationen berichteten mir Kursteilnehmer, daß sie sich die Kühleübung auch für diesen Bereich zunutze gemacht haben. Die Blutung war geringer, der Schmerz herabgesetzt und, bedingt durch das Beherrschen der Entspannungstechnik, auch ein besserer Schlaf möglich.

Anfangs immer zusammenhängend üben

Nun wünsche ich Ihnen viel Erfolg beim Üben; denken Sie aber immer daran, daß Sie am Anfang alle Übungen zusammenhängend üben sollten, ca. zehn Wochen lang. Dann erst sollten Sie dazu übergehen, die Übungen auch ohne Zusammenhang zu trainieren.

Eine Ausnahme bleibt die Stirnkühleübung, die Sie nicht unbedingt zusammenhängend mit den anderen »Wärmeübungen« trainieren und anwenden müssen.

In den ersten zehn Wochen sollten Sie immer im Liegen oder Sitzen trainieren, später können Sie dieses Training auch mit offenen Augen und beim Gehen oder Stehen anwenden.

Das komplette Trainingsprogramm

Übungszusammenfassung auf einem Blick

Die Augen sind geschlossen, egal ob Sie im Sitzen oder Liegen üben.

1. **Ich bin ganz ruhig – einmal üben**
2. **Der rechte Arm ist ganz schwer – sechsmal üben**
3. **Der rechte Arm ist ganz warm – sechsmal üben**
4. **Die Atmung ist ganz ruhig und gleichmäßig, es atmet mich – sechsmal üben**
5. **Das Herz schlägt ganz ruhig und gleichmäßig – sechsmal üben**
6. **Das Sonnengeflecht ist ganz ruhig und strömend warm – sechsmal üben**
7. **Der Schulter-Nacken-Bereich ist ganz ruhig, schwer und strömend warm – sechsmal üben**
8. **Die Stirn ist angenehm kühl – sechsmal üben**

Faust ballen, Arme fest und energisch beugen, in Richtung Brustkorb ziehen, Arme strecken, tief ein- und ausatmen und die Augen öffnen.

Die Voraussetzung zum Gelingen

BITTE NICHT STÖREN

Ein Schild mit diesem Aufdruck sollten Sie sich an die Tür heften, um nicht in der Trainingsphase gestört zu werden. Erklären Sie den übrigen Familienmitgliedern, sofern diese nicht mitüben, daß Sie Ruhe brauchen, um Ihre Übungen zu absolvieren. Aber je öfter Sie trainieren, um so weniger werden Sie Geräusche wie Autolärm, Klingeln, Glockengeläut oder Kindergeschrei auf der Straße stören. Sie nehmen den Lärm zwar noch wahr, aber die Geräuschkulisse tritt für Sie in den Hintergrund, weil Sie sich auf Ihren Körper konzentrieren und sich so entspannen können.

Die wichtigste Voraussetzung für das Gelingen ist absolute Ruhe. Also lassen Sie sich nicht stören!

Auch für Erwachsene eignet sich ein Wochenfahrplan für das Autogene Training, wie er auf Seite 19 für Kinder vorgeschlagen wurde.

Die sieben Stufen zum Erfolg

1. Die richtige Einstellung bei Ihnen ist positives Denken und Gelassenheit.
2. Üben Sie täglich in verschiedenen Positionen und zu verschiedenen Tageszeiten (es muß Ihnen in Fleisch und Blut übergehen wie das tägliche Zähneputzen, nur besser vor als nach den Mahlzeiten).
3. Geben Sie nicht auf, auch wenn es mal nicht so gut bei Ihnen klappt mit der Entspannung. Sie sind kein Roboter, der immer gleich funktioniert und ein- und ausgeschaltet werden kann. Probieren Sie es ein anderes Mal wieder, und Sie werden sehen, es geht doch.
4. »Es geht mir ja so gut, jetzt brauche ich nicht mehr zu üben!« Diesem Übungsschlendrian gewähren Sie bitte keinen Einlaß, denn Autogenes Training können Sie auch wieder verlernen, und wenn Sie das Entspannungsverfahren nicht mehr einsetzen können durch Trainingsmangel bedingt, war alles, was Sie vorher gelernt haben, umsonst; und Sie müssen wieder von vorne anfangen zu lernen. Das wäre sehr schade für Sie, darum bleiben Sie besser am Ball und üben auch, wenn es Ihnen gut geht. Dann ist es gerade sinnvoll für Sie, es in schwierigen Lagen anwenden zu können, die ja immer unvorhersehbar sind, wie Sie wissen. Wenn Sie so am Ball bleiben, sind Sie immer in einem guten Trainingszustand und halten sowohl prophylaktisch als auch therapeutisch alle Trumpfkarten für Ihren Körper, Ihren Geist und Ihre Seele in der Hand.
5. Frönen Sie nicht zu vielen Hobbys, denn der Freizeitstreß ist oft größer, als Sie glauben, und wiegt oft den beruflichen Streß auf. Träumen Sie mal einfach so – kein Fernsehen, keine Zeitung lesen, kein Video anschauen – Sie werden staunen, es wird Ihnen gar nicht fehlen; im Urlaub geht es doch auch ohne die Medien, oder?
6. Nehmen Sie an einem Kurs für Autogenes Training

teil, den Kneippvereine oder Volkshochschulen anbieten, denn Sie werden merken, mit Gleichgesinnten übt es sich leichter.

7. Untermauern Sie Ihr Wissen über Autogenes Training in gewissen Zeitabständen, z. B. alle ein bis drei Jahre mit einem Auffrischungskurs, denn nur so werden Sie immer auf dem neuesten Stand der Wissenschaft bleiben.

Gemeinsam entspannen

Gemeinsam geht alles besser, das gilt auch für das Entspannen. Die Kinder sollen ruhig erleben, daß auch ihre Eltern Entspannung suchen und brauchen. Sie können ihren Eltern sogar dabei helfen, z. B. indem sie auch mal den Nacken der Mutter massieren, da, wo Erwachsene ja oftmals verspannt sind. Kinder können das oft sehr gut, sie sind sehr einfühlsam und stolz darüber, der Mutter oder dem Vater Gutes tun zu können. Ich kenne Familien, da üben vom Großvater über Großmutter, Eltern bis zum Enkelkind alle mal gemeinsam und auch wieder getrennt, vor allen Dingen die Tiefmuskelentspannung und das Autogene Training, denn auch der Großvater oder die Großmutter sind oft gestreßt, und mit den Enkelkindern dann zu üben macht allen mit Sicherheit sehr viel Spaß.

Zusammen übt sich das Autogene Training oder die Tiefmuskelentspannung besonders gut. Wenn man das Wohnzimmer schön herrichtet mit Decken und Kissen, daß alle bequem Platz haben, läßt es sich sehr wirkungsvoll mit diesen Methoden gemeinsam entspannen.

Autogenes Training als Gutenachtgeschichte

Wenn das Kind im Bett liegt, kann ein Elternteil auch mal die Formeln des Autogenen Trainings vorlesen oder laut vorsagen; die Kinder können sie auch gut nachvollziehen und schlafen besser ein. Beim Vorsagen kann natürlich ein Elternteil die Übungen gleich selber mitmachen und sich so mit dem Kind zusammen entspannen – eine andere Art der Gutenachtgeschichte.

Wenn das Kind ins Krankenhaus muß

Nicht nur das Krankenhaus, sondern auch viele Arztbesuche, etwa wegen chronischer Erkrankungen, verursachen bei Kindern Ängste. Es tut ihnen gut, wenn sie vorher zur Entspannung angeleitet werden und nachher die Situation im Spiel verarbeiten können.

Da haben es Erwachsene schon schwer, wenn sie ins Krankenhaus müssen; noch viel dramatischer ist das oft für Kinder, die aus ihrem sozialen Umfeld herausgerissen werden, von ihren Freunden, Geschwistern, Tieren getrennt werden. Sie kommen in eine unbekannte Welt, die ihnen, wenn sie unvorbereitet sind, Ängste, Schlafstörungen und andere vegetative Störungen bereitet.
In vielen Krankenhäusern ist es ja heute möglich, daß ein Elternteil während des Krankenhausaufenthaltes bei seinem Sprößling bleiben darf. Wichtig ist, daß das Kind, sooft es erlaubt ist, vertrauten Besuch bekommt.

Vorbereitung ist wichtig

Man kann das Kind sehr gut vorbereiten auf einen eventuellen stationären Aufenthalt, was natürlich nach einem Unfallgeschehen nicht möglich ist, wenn alles schnell gehen muß. Man kann jedoch das Thema vorher schon mal anschneiden, wenn man mal gemütlich zusammensitzt. Vor allen Dingen sollte man nie mit dem Krankenhaus oder mit dem Arzt drohen. Das führt schon zu Ängsten im Vorfeld. Man muß den Kindern erklären, daß ihnen dort geholfen wird, daß alle dazu da sind, um seine Krankheit zu heilen, damit es bald wieder in den Schoß der Familie zurückkehren kann.

Die Unruhe der Eltern steckt an

In meiner fast 25jährigen Tätigkeit in verschiedenen Kliniken und Krankenhäusern, vor allem im OP-Bereich,

war ich immer wieder sehr erstaunt, wie sachlich man selbst mit Kleinkindern umgehen kann, wenn die Eltern in der Wartezone auf das Kind warten und dieses nicht mehr von dem ängstlichen, manchmal gehetzten Gesichtsausdruck der Mutter oder des Vaters beeindruckt wird; denn sehr oft wird das Kind erst durch die Eltern verängstigt.
Wenn die Eltern kein Vertrauen zu den Ärzten haben und das Kind dies spürt, kann es auch kein Vertrauen haben und reagiert mit Angst vor dem Ungewissen. Wenn aber Vater oder Mutter stabil genug sind, hilft dem Kind die Anwesenheit der Bezugsperson am meisten. Stabil heißt in dem Fall dann auch, daß diese Person Blut sehen kann, wenn bei dem Kind vielleicht eine Wunde genäht werden muß. Da hilft es dann niemandem, wenn die Mutter vielleicht auch noch umkippt und anschließend chirurgisch versorgt werden muß.

Krankenhäuser und Arztpraxen sind in der Regel für Kinder bedrückende Orte. Nichts erinnert an die vertraute Gemütlichkeit zu Hause. Deshalb sollte der Lieblingsteddy oder ähnliches stets als Begleiter dabei sein.

Vertrauen entspannt und mildert den Schmerz

Ist das Kind aber entspannt durch das Vertrauen, kann es sich vielleicht auch bewußt entspannen. Ist die Skelettmuskulatur z. B. bei Injektionen auch entspannt, tun diese längst nicht so weh, als wenn das Kind den Muskel anspannt, in den gerade die Spritze gegeben wird, es spürt sie dann fast gar nicht.

Im Spiel auf die neue Situation vorbereiten

Bei längeren Krankenhausaufenthalten oder bei geplanten Operationen kann man das Kind sehr schön auf diese Situation vorbereiten, die natürlich auf die gesamte Familie Auswirkungen hat. Viele Kinder spielen gern mal Arzt und Patient, haben Play-Mobil-Figuren oder ähnliches, mit denen man Krankenhaussituationen nachspielen kann. Sie kennen oft schon ein Stethoskop, Blut-

Die Eltern sollten das Kind ihre eigene Angst, die sie vielleicht haben, nicht spüren lassen und nicht auf das Kind übertragen.

druckgerät oder eine Spritze, spielen damit und probieren sie an sich, den Geschwistern oder Freunden aus. Wenn man mehrere Wochen Zeit hat, ist das beste Entspannungsverfahren das Autogene Training; die Übungen bringen dem Kind nachher mehr, als man denkt. Mit den formelhaften Vorsätzen hat das Kind die besten Möglichkeiten, auf sich und seinen Körper entspannend einzuwirken. Diese Möglichkeit besteht aber erst ab einem Alter von sechs bis sieben Jahren, erst dann können die Kinder den Ablauf richtig verstehen und für sich ausnutzen. Kinder, die das Autogene Training erlernt haben, haben mich immer wieder erstaunt, wie gut sie dieses Verfahren gerade in schwierigen Situationen wie z.B. bei einem Krankenhausaufenthalt einsetzen können und umsetzen.

Ein Fall aus meiner Praxis

Erika, neun Jahre, wurde an den Rachenmandeln operiert, also in einer Hals-Nasen-Ohren-Klinik. Sie hat von

Wenn eine stationäre Behandlung unvermeidlich ist, sollten die Eltern alles daran setzen, dem Kind möglichst viele vertraute Elemente mitzugeben. Viele Krankenhäuser lassen dies inzwischen auch bereitwillig zu. Sie wissen, daß zufriedene Kinder schneller gesund werden.

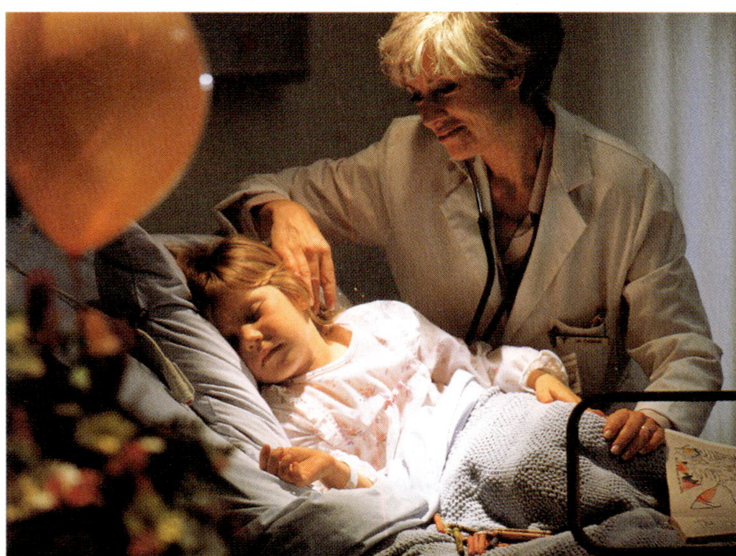

sich aus die Kühleübung, die ja eigentlich für die Stirn gelehrt wurde und zur Erfrischung dienen soll, auf den ganzen Kopf- und vor allem auf den Halsbereich projiziert. Sie hat sich der Eigenhypnose des Autogenen Trainings bedient:

- Der Halsbereich ist ganz angenehm kühl, ich kann gut schlucken!

Durch diese Autosuggestion konnte sie die Arterien im Halsbereich verengen, dadurch erreichte sie eine Schmerzreduzierung und verringerte die Nachblutungsgefahr.

Schmerzlinderung durch Autogenes Training

Schmerzlinderung durch Autogenes Training ist in allen körperlichen Bereichen möglich. Auch Schwere- und Wärmeübung dienen der allgemeinen Entspannung und führen so zur Schmerzreduzierung.
Das Sonnengeflecht des vegetativen Nervensystems, der Plexus solaris, ist ja mit allen Organen im Bauchraum verbunden und auch wieder über die Eigenhypnose, die gedankliche Vorstellung, daß der Bauchraum schön warm ist, erreichbar. Diese Wärme führt zu Entspannungseffekten und damit dann auch zu Schmerzreduzierung. Einen brennenden Schmerz kann man so auch auf eine angenehme Wärme reduzieren. Gut ist die Anwendungsmöglichkeit des Autogenen Trainings im Krankenhaus allgemein auch bei Schlafstörungen, die eventuell auftreten können, wenn das Kind nicht durch Medikamente, die den Schlaf fördern, unterstützt wird.

Auch im Bauchbereich kann man durch die Wärmeübung und die Übungen des Sonnengeflechts Linderung erzielen.

Zuwendung gegen die Angst

Bei Kindern unter sechs Jahren kann man als einzige Entspannung wahrscheinlich nur die Hand halten, die Hand streicheln oder auch eine sanfte Massage durchführen, um es zu beruhigen. Sind die Eltern stabil und gelassen, übertragen sich ihr Vertrauen und ihre Ruhe fast automatisch auf das Kind. Muß ein Kind – das gilt auch für die Erwachsenen – operiert werden und beherrscht es das Autogene Training, ist es längst nicht so angespannt; es ist in der Lage, durch dieses Entspannungstraining sich selbst zu beruhigen und gelassener zu werden.

Weniger Schmerzmittel, weniger Nebenwirkungen

Das ist dann bei der Einleitung in die Narkose ganz deutlich zu merken: Ein Patient, der innerlich total nervös und angespannt ist, braucht viel mehr Narkosemittel als ein anderer, der ruhig und gelassen an die Sache herangeht. Das bedeutet natürlich auch viel mehr Nebenwirkungen, die ja die Medikamente immer haben. Studien haben gezeigt, daß man bis zu 50% Narkotika sparen kann, und das ist eine ganze Menge Nebenwirkungen. Auch nach der Operation auf der Station brauchen Patienten, die es gelernt haben, sich zu entspannen, viel weniger Schmerzmittel als andere.

Ganz wichtig ist es für Kinder, daß sie die Menschen und ihre Namen kennen, mit denen sie es im Krankenhaus zu tun haben. Außerdem sollte man ihnen mit einfachen Worten und an Beispielen erklären, welche Krankheiten sie haben und was im Krankenhaus für ihre Genesung getan wird.

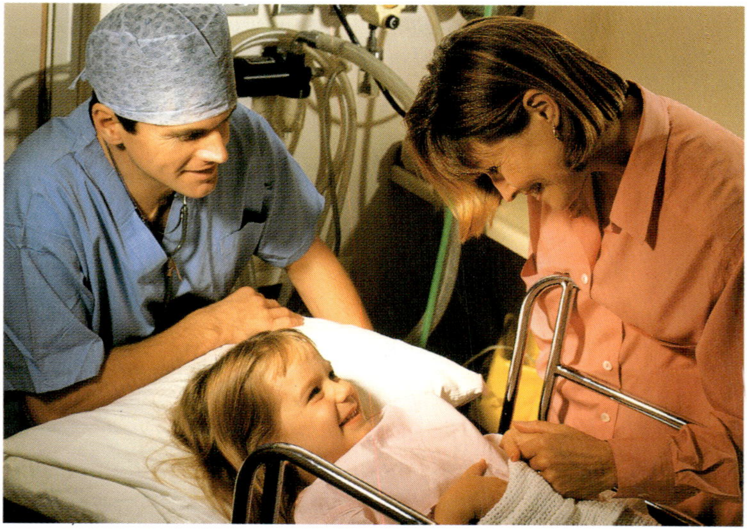

Wenn das Kind zum Zahnarzt muß

Gehen die Erwachsenen schon schweren Herzens und mit schweißnassen Händen zum Zahnarzt, so haben die Kinder oft noch viel mehr Angst. Die Entspannung wirkt auch hier sehr gut, denn nur durch eine unverkrampfte Haltung kann man auch eine Prozedur über eine längere Zeit ertragen. Der Mund muß immer aufgehalten werden, und wer hier verkrampft ist, hat oft mehr Beschwerden im Kiefergelenk als durch das Bohren oder das Zähneziehen. Man muß auch hier grundsätzlich positiv denken, das heißt: Der Zahnarzt will mir oder meinem Kind nicht weh tun, sondern er will helfen und Schmerzen lindern.

Hier sollte auch schon im Vorfeld der Zahnarzt nicht als angstmachende Person dargestellt werden, also nicht mit dem Zahnarzt drohen, daß der dann ganz schlimm bohrt usw. Die Einstellung zum Zahnarztbesuch muß positiv und entspannt sein, und dem Kind muß vermittelt werden, daß es selbst durch das Autogene Training viel dazu beitragen kann. Beruhigendes Einwirken der Eltern ist sehr wichtig, damit das Kind nicht im letzten Moment noch kneift oder sich weigert, den Mund aufzumachen, wenn es darauf ankommt.

Auch hier hilft Autogenes Training

Im Wartezimmer kann man noch mit dem Kind spielen oder lesen, es ablenken; vor allen Dingen nicht hektisch wirken und erst in der letzten Sekunde dort ankommen, denn die Hektik überträgt sich auf das Kind. Das Auto-

Es hat sich in der Praxis bewährt, Kinder mit zum Zahnarzt zu nehmen und den Doktor nachschauen zu lassen, auch wenn dem Kind nichts fehlt. So kann es eine positive Beziehung aufbauen und ist für den Fall eines Falles gerüstet.

gene Training ist hier mit der Formel »Ich bin ganz ruhig und entspannt« sehr gut einzusetzen.
Marion, ein zehnjähriges Mädchen eines meiner Trainingskurse, kam eines Tages zum Kurs und brachte sechs Zähnchen in ihrer Hand mit, die teilweise noch blutig waren, zeigte sie in der Runde und sagte: »Es hat überhaupt nicht weh getan; ich habe mich ganz toll entspannt, weil ich die ganze Zeit und auch vorher Autogenes Training gemacht habe.« Und danach hat sie es auch weiterbetrieben: »Der Mund und der Kiefer sind ganz kühl(!)«, gegen die Schmerzen. Alle waren sehr beeindruckt, wie gut Marion das Training umsetzen konnte.

Gezielte Entspannung kann alle möglichen Schmerzzustände erträglicher machen, sogar beim Zahnarzt. Sie kann Ängste reduzieren, was sich natürlich positiv auf das Verhältnis des Patienten zum Arzt auswirkt. Konstruktive Gespräche und Autogenes Training sollten also vor dem Zahnarztbesuch oder vor anderen ähnlichen Situationen in Ruhe und Gelassenheit eingeübt werden.

Wer sich im Zahnarztstuhl verkrampft, dem tut es doppelt weh. Wenn das Autogene Training noch nicht erfunden wäre, dann müßte es für den Zahnarztbesuch mit höchster Dringlichkeit sofort und jetzt erfunden werden.

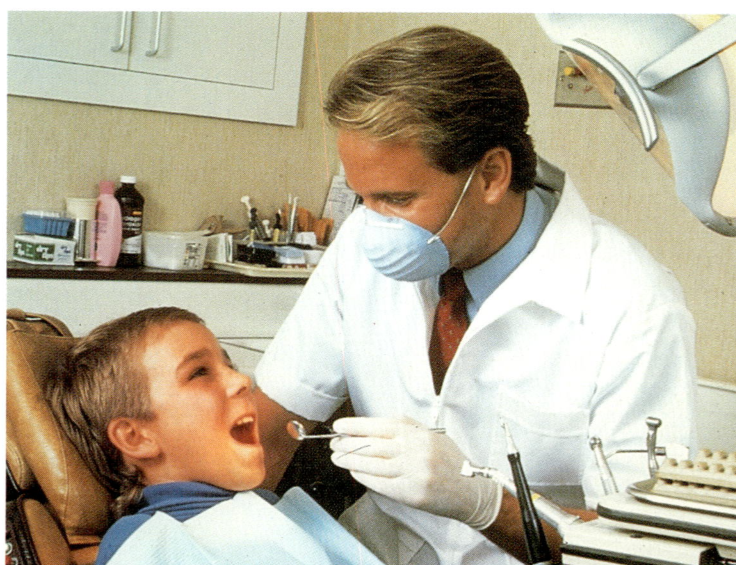

So wenig wie Erwachsene leben Kinder in problemfreien Zonen. Das war wohl zu keiner Zeit der Fall. Genauso wie Erwachsene brauchen Kinder aber Freiräume, Freizeit und gelegentlich einmal Ferien von allen Problemen. Gemeinsames Entspannen in der Natur sollte zum festen Bestandteil des Familienlebens gehören.

Autogenes Training und Tiefmuskelentspannung können Ihr Kind beruhigen, entspannen und so dazu beitragen, daß seine Befindlichkeit positiv verändert wird. Sprechen Sie aber auch mit Ihrem Kinderarzt über die Probleme Ihres Kindes.

Streßanalyse

Leidet mein Kind unter:	Ja	Nein
Schlafstörungen?	❍	❍
Konzentrationsstörungen?	❍	❍
Unruhe, Zappeligkeit?	❍	❍
Gehetztes Erscheinungsbild?	❍	❍
Unausgeglichenheit?	❍	❍
Lustlosigkeit?	❍	❍
Streitsüchtigkeit?	❍	❍
Verspannungen im Schulter-Nacken-Bereich?	❍	❍
Magendruck?	❍	❍
Durchfall?	❍	❍
Verstopfung?	❍	❍
Atmungsstörungen?	❍	❍
Asthma, Allergien?	❍	❍
Herzrasen, Herzstolpern?	❍	❍
Schwitzen vor Prüfungen?	❍	❍
Ängsten?	❍	❍
Kopfschmerzen?	❍	❍

Was muß ich tun bei mehr als einem Ja?

Darüber gibt die nachfolgende Auflistung der Kombination verschiedener Entspannungstechniken Auskunft (siehe Seiten 91 bis 94).

Was hilft gegen Streß und andere Störungen?

Problem	Maßnahmen	Wirkungsweise
Schlaf-störungen	Autogenes Training – Schwere und Wärmeübung	Skelettmuskulatur wird entspannt, der Körper besser durchblutet und somit ein besseres Ein- und Durchschlafen ermöglicht
	Tiefmuskelentspannung durch Anspannung/Entspannung	Muskulatur wird entspannt und besser durchblutet
	Mindestens 1 Stunde Abstand zwischen Video, Fernsehen und Schlafengehen. Besser aber lesen, malen, spazierengehen, Sport an der frischen Luft	Keine Angst vor dem Gesehenen im Fernsehen; Ablenkung, schöne Gedanken, gesunde Müdigkeit
Konzentrations-störungen	Autogenes Training vor und nach der Schule	Spezielle Übungen zur Konzentrationssteigerung, Kühleübung
	Tiefmuskelentspannung vor und nach der Schule; kein Radio und Fernsehen bei den Hausaufgaben, viel lesen, malen...	Lenkt ab von anderen Gedanken
Unruhe, Zappeligkeit	Tiefmuskelentspannung	Muskulatur entspannt sich durch bessere Durchblutung; bringt Ruhe in den Zappelphilipp;
	Autogenes Training – erst wenn Tiefmuskelentspannung Wirkung zeigt, z. B. Schwere, Wärme der Arme und Beine	Autogenes Training für die innere Ruhe
	Massage, Sport, z. B. Laufen, Schwimmen, Ballspiele	Kind bleibt ruhig liegen, weil es gut tut; Kind kann sich austoben und überschüssige Kraft abbauen
Gehetztsein	Tiefmuskelentspannung, Autogenes Training, Massage, indirekte Entspannung wie Malen, Lesen, Entspannungsmusik, weniger Freizeit- und Sportaktivitäten	Entspannung beruhigt das Kind

Was hilft gegen Streß und andere Störungen?

PROBLEM	MASSNAHMEN	WIRKUNGSWEISE
UNAUSGEGLICHENHEIT	Autogenes Training	Die innere Balance wird wieder hergestellt
LUSTLOSIGKEIT	Motivation durch anregende Bewegungen	Interesse wecken
	Tiefmuskelentspannung	Entspannung
	Autogenes Training	Entspannung
STREITSÜCHTIGKEIT	Sport, Tiefmuskelentspannung	Mehr körperliche Auslastung
	Autogenes Training	Leitsatz des Autogenen Trainings: »Miteinander ist besser als gegeneinander«
VERSPANNUNGEN	Sanfte Massage im Schulter-Nacken-Bereich und allgemeiner Art	Lösung von Verspannungen
	Wärmflasche auf den Rücken, warmes Bad, Dusche	Wärme entspannt die Muskulatur sehr gut
	Tiefmuskelentspannung	Entspannung der Skelettmuskulatur
	Autogenes Training	Besonders bei Verspannungen durch Streß, Abbau von Streß, Entspannung des gesamten Körpers durch Wärme und Schwere
MAGENDRUCK	Autogenes Training	Die Sonnengeflechtsübung wirkt entspannend auf Magen und Darm
	Tiefmuskelentspannung	Entspannung der Skelettmuskulatur wirkt auch auf den Bauch
	Sanftes Streicheln des Bauches im Uhrzeigersinn	Regt reflektorisch das Sonnengeflecht an – Entspannung im Bauch

Was hilft gegen Streß und andere Störungen?

Problem	Maßnahmen	Wirkungsweise
Vegetativ bedingter Durchfall	Autogenes Training – Schwerpunkt Sonnengeflecht mit der Zusatzformel: »Der Darm behält«, »Der Bauch ist entspannt und strömend warm«	Bei Aufregungen oder Angst vor der Schule usw. wirkt Autogenes Training beruhigend und angstlösend; das Sonnengeflecht wirkt dann beruhigend auf die Darmtätigkeit
Verstopfung	Igelballmassage im Uhrzeigersinn, vorsichtig, dann mit warmen Händen in gleicher Richtung über den Bauch streichen	Regt reflektorisch die Darmbewegung an
	Autogenes Training mit Sonnengeflechtsübung	Regt über das vegetative Nervensystem und die Darmbewegung an
	Tiefmuskelentspannung: Bauchdecke fest einziehen, Pause, Bauchdecke fest nach außen drücken	Diese Übung, mehrmals durchgeführt, wirkt auch anregend auf die Darmbewegung
Atmungsstörungen (Asthma, Allergien)	Autogenes Training: »Ich bin ganz ruhig«, »Die Atmung ist ganz ruhig und gleichmäßig, es atmet mich« – 3mal täglich 6mal üben	Mit diesen Formeln kann man beruhigend auf das Kind einwirken und die Atmung zur Ruhe bringen
	Atemgymnastik	Zur bewußteren und sinnvolleren Atmung kommen
Herzrasen, Herzstolpern	Autogenes Training: »Das Herz schlägt ganz ruhig und gleichmäßig«, »Ich bin ganz ruhig« – 3mal täglich 6mal üben	Dadurch kommt das Herz zur Ruhe und zu einem ruhigeren und gleichmäßigeren Herzschlag
Schwitzen vor Prüfungen	Autogenes Training: »Ich bin ganz ruhig und gelassen«, »Ich schaffe es« und weitere Formeln	Beruhigung des Kindes, Angstlösung; Suggestion, daß es die Prüfung schafft, bewirkt Streßminderung und höheres Selbstvertrauen

Was hilft gegen Streß und andere Störungen?

Problem	Maßnahmen	Wirkungsweise
Ängste	Autogenes Training: »Ich bin ganz ruhig und gelassen« und die Tiefmuskelentspannung kombinieren	Stabilisierung des Ego (Ich); angstabbauend und Stärkung des Selbstbewußtseins
Kopfschmerzen	Bei andauernden Kopfschmerzen: mögliche ernsthafte Ursache vom Arzt ausschließen lassen	Eventuell Behandlung durch den Arzt
	Autogenes Training mit dem Zusatz: »Die Stirn ist angenehm kühl«, 6- bis 12mal	Dient zur Entspannung, Gefäßtraining im Kopf
	Leichte Massage an Nacken, Schulter und Rücken	Baut Verspannungen ab im Schulter-Nackenbereich
	Wärme durch heißes Bad oder Dusche	Gegen Verspannungen
	Kühlung der Stirn mit Eisbeutel oder kaltem Waschlappen, hinlegen, Raum verdunkeln	Angenehm für einen heißen Kopf, Gefäße ziehen sich zusammen; Ruhe wichtig; beugt Lichtempfindlichkeit vor

Zusatzfragen zur Ursachenerforschung:

- Hat das Kind genügend getrunken und gegessen?
- War das Kind zu lange ohne Kopfbedeckung in der Sonne?
  Gefahr eines Sonnenstichs oder Hitzschlags (heißer Kopf, gleichzeitiges Frieren, Übelkeit und Erbrechen, Nackensteifigkeit, Benommenheit)
  Kind sofort in den Schatten bringen, Kopf kühlen. Sofort Arzt rufen!
- Ist das Kind auf den Kopf gefallen?
  – eventuell Gehirnerschütterung, Schädelbruch
  – bei Übelkeit, Erbrechen und Benommenheit: ins Krankenhaus zum Röntgen

Über den Autor

Udo Neumann arbeitet als Entspannungstherapeut, Autor, Vortragsredner, Dozent an Berufsfachschulen und Berater für Kliniken und Firmen. Er hat bereits mehrere Bücher und zahlreiche Aufsätze zum Thema Autogenes Training veröffentlicht.

Literatur

Biermann, Gerd: Autogenes Training mit Kindern und Jugendlichen. Ernst Reinhardt Verlag. München 1978
Gürtler, Helga: Das lernt mein Kind im Kindergarten. Südwest Verlag. München 1994
Hammer, Oscar: Autogenes Training für die Praxis. wissPub Verlag. Dollern 1985
Kirchner, Gerhard: Autogenes Training für jedermann. moderne industrie Verlag. Landsberg 1992 (CD)
Schuster-Brink, Carola: Wenn Erziehung an den Nerven zehrt. Südwest Verlag. München 1994
Weinberg, Elisabeth: Autogenes Training für Kinder. Karl F. Haug Verlag. Heidelberg 1992

Hinweis

Das vorliegende Buch ist sorgfältig erarbeitet worden. Dennoch erfolgen alle Angaben ohne Gewähr. Weder Autor noch Verlag können für eventuelle Nachteile oder Schäden, die aus den im Buch gemachten praktischen Hinweisen resultieren, eine Haftung übernehmen.

Bildnachweis

Andreas Busert, München: Titelbild (U1), U4; Das Fotoarchiv, Essen: 52 (Anne Koch), 64 (Bernhard Nimtsch); Udo Neumann: 69; IFA-Bilderteam, Taufkirchen/München: 89 (Int. Stock); Ludwig Reisner, Gundelfingen: U2, 2 (li., re. u.), 3 (li. o.), 10, 14, 23, 24, 25, 26, 29, 30, 33, 34; Tony Stone, München: 2 (re. o.) Steven Peters, 3 (u.) (Jo Browne/Mick Smee), 3 (Mitte), 5 (Lori Adamski Peek), 56 (Peter Cade), 84 (Bruce Ayres), 87 (Tim Brown), 90 (Dale Durfee)

Impressum

Redaktion: Christel Hofmann, Ulrike Kühnel
Redaktionsleitung: Josef K. Pöllath
Bildredaktion: Gabriele Duschl
Produktion: Manfred Metzger
Umschlag: Wolfgang Lehner
DTP/Satz: Wolfgang Lehner
Druck: Color-Offset, München
Bindung: R. Oldenbourg, München
Printed in Germany

Gedruckt auf chlor- und säurearmem Papier
ISBN 3-517-01735-3

Register